この一冊ですぐ書ける

お礼の手紙とはがき文例集

川崎キヌ子 監修

日本文芸社

この一冊ですぐ書ける
『お礼の手紙とはがき文例集』
Contents

第1章 お礼状の基本

第2章 贈り物に関するお礼状

B＝ビジネス文書

第3章 お祝いに関するお礼状

第4章 お世話になったときのお礼状

Contents●もくじ

第5章 頼みごとに関するお礼状

B＝ビジネス文書

Contents●もくじ

第8章 メール・FAXでのお礼状

✿本書の特徴と活用法✿

●本書では、日常のおつき合いからビジネスまで、さまざまなシチュエーションの「文例」を掲載しています。

●文例はスペースの都合上、主要な部分だけを掲載しているため、後付けなど省略している場合があります。

●第一章で、手紙の書式や頭語と結語、文書の組み立てかた、敬語のつかいかたなどをまとめて解説しています。

●各章の最初のページでは、その手紙を書くにあたり知っておきたいマナーや構成要素を説明しています。また、基本文例は実際の便箋に書いたときの手紙をイメージしやすいようなデザインにしています。

●手紙文例には「差出人」と「受取人」を例示しています。また、「はがき」「手紙」などの形式をアイコンで示しているので、状況に応じてつかい分けることができます。

●ビジネスの場でつかわれる手紙は、左上にビルのマークをつけています。取引先や得意先へのお礼状に活用してください。

●各文例のほかにも「言い換え例」を数多く紹介しています。状況に合ったものを選んで、利用してください。

●コラムには手紙の書きかた、出しかたについてのQ&Aや忌み言葉、冠婚葬祭にまつわる基本的なマナーなどを載せています。

B＝ビジネス文書

第1章
お礼状の基本

お礼状のマナー

お礼状のマナーの原則は、何をおいても早く出すことです。また、ビジネスでつき合いのある目上の人、気のおけない親しい友人など、状況に応じて臨機応変な対応を心がけましょう。

◆◆◆◆お礼状は時機を逃さず三日以内に出すのが原則

日ごろお世話になっている人へ感謝の気持ちを表す、贈り物をいただいた際にお礼を伝える、こうしたとき、電話一本入れるだけでも事足りるとはいえます。けれども、自分の気持ちをしっかりと伝えるには、心をこめた「お礼状」がなによりの方法です。

お礼状を送る際のマナーの基本は、時機を逃さないこと。つまり、できればすぐに、遅くても三日以内に出すことが、誠意の表れとなるのです。早めに出せば、お礼状を送る側の気持ちも新鮮なので、それだけ気持ちが伝わりやすくなります。

◆◆◆◆形式よりも自分の言葉で心をこめて

お礼状は、相手に対して、自分がどんなことに感謝しているのか具体的に示す必要があります。

お中元に食べ物をもらったのであれば、それがいかにおいしかったかを述べるとよいでしょう。また、資金繰りのための保証人になってもらったら、おかげさまで仕事が軌道に乗ったという結果を、報告をかねて述べるとよいでしょう。かりに、その結果がおもわしくなかったとしても、きちんと相手の尽力に対して感謝の意を伝えましょう。

◆◆◆◆文面の形式は相手との関係によっても決まってくる

本書では、お礼の内容だけでなく、相手と自分との関係も考えて、さまざまなシチュエーションを想定した文例を紹介しています。それは、お礼状を送る相手が、目上の人だったり、年下の人だったり、あるいは気のおけない親友だったりと、状況によって異なってくるからです。

ある程度の決まりはありますが、あまりに形式ばった書きかたでは、かえって堅苦しい印象を与えてしまうことがあります。結果的に、距離を感じさせる印象を与えかねないので、注意しましょう。

そこで、相手や状況によって文面を柔軟にする必要があります。形式はきちんとふまえつつも、いちばん肝心な感謝の一言に今の自分の感情を素直に表すなど、臨機応変な対応を心がけましょう。

交流の深い親類や友人へのお礼状なら自由な書きかたをすることもできます。相手が目の前にいるような気持ちで温かみのある言葉を盛りこむようにすれば、受け取った相手の気持ちもほころびます。形式はとくに気にする必要はなく、いきなり本題から入るのもよいでしょう。長々と形式的な挨拶を書き連ねるのは、親しい間柄ほど興ざめなものです。

ただし、その手紙に頼みごとやおわびが含まれている場合は別。そのときは、きちんと形式をふまえた書きかたにしましょう。

◆◆◆◆急を要する報告は電話で正式なお礼は改めて郵送する

時には、手書きのお礼状と電話を併用したほうがよい場合もあります。

たとえば、こちらに確実に荷物が届いたかどうかを送り主が気にかけているときなどは、ちゃんと到着したことをまず報告する意味で、電話を一本入れるのがマナーです。

郵送のお礼状だと日数があいてしまうので、こういう状況のときには最初の一報としてはあまりふさわしくありません。まずは一言お礼の電話をして、正式なお礼は後日郵送で、という対応が望ましいでしょう。

封筒・便箋・筆記用具のマナー

文具店では、相手に喜ばれそうな楽しいグッズの数々が売られていますが、形式的なお礼状にはある程度形式に沿ったものをつかうこと。状況によってうまくつかい分けましょう。

和封筒

「長形4号」と呼ばれるサイズの和封筒が、最も標準的なタイプです。これなら、便箋《びんせん》を三つ折り、または四つ折りにするときれいに収まります。

また、同じ和封筒で、裏紙がついているものと、ついていないものがあるのには意味があります。

二重のものは、「不幸を重ねる」という意味で、弔事やお見舞いには不向きとされているので注意しましょう。かならず、一重のものをつかってください。

洋封筒

開口部が広い洋封筒は、慶弔の挨拶状や各種の案内状、写真やカードを同封するのにも好ましい形です。和封筒と比べて、洋封筒のほうがカジュアルということもありません。目的に合わせてつかい分けましょう。一般に洋封筒は和封筒よりも幅が広いので、表書きの行間をゆったりとるのがコツ。

郵便番号が印刷されていないタイプのものは、封じ目を通常とは逆にする弔事の手紙や、横書きに宛名を書く手紙などに便利です。

便箋・筆記具

便箋は、白が正式です。また、一枚だけでは失礼になるとされており、できれば二〜三行でも二枚目にかかるように書くのがマナーとされています。ただし、最近では一枚で送ることも増えてきています。

あらたまった内容の場合は縦書きにします。罫線のない無地が正式ですが、バランスをとるために罫線入りでもよいでしょう。書式は、一枚につき十二〜十五行が目安です。横書きは、カジュアルなお礼状に使いましょう。

白以外の色や、柄の入った便箋は、親しい人へのお礼状につかうと、楽しい雰囲気がかもしだせます。あなたの個性や、あなたと受け取る人との関係などを考慮して最適なものを選んでください。

筆記具は、儀礼的な文書なら毛筆か万年筆を使用します。万年筆のインクは、黒かブルーブラックをつかいます。毛筆が苦手な人は筆ペンでもよいでしょう。

それほど儀礼的でない手紙、たとえば親しい友人などに送る場合は、カラーサインペンや蛍光ペンでもかまいません。ただし、鉛筆書きは失礼に当たるのでぜったいにやめましょう。

Column

はがきと手紙の違い

封書は目上の人に、はがきは親しい相手に、というのが一般的なつかいかたとされていますが、状況によりそれぞれの特性を理解し、上手につかい分けましょう。

	手紙	はがき
特徴	●正式な儀礼にもとづく内容に用いる ●あてた本人以外の目に触れることがない ●便箋の枚数を増やすことが可能なので、たくさんの文字を書きこむことができる ●両者にとって、封じたり開封したりする手間がかかる	●略式の通信状 ●第三者の目に触れる可能性がある ●あまりたくさんの内容が書きこめない ●手軽に書いて投函できる（官製はがきなら、切手を貼らずにそのまま出すことが可能）
適したつかいかた	●第三者に内容を読まれたくない場合 ●便箋数枚にわたる文字数が必要なとき ●目上の人に対して、丁寧な文面を心がけたい場合	●第三者に内容を読まれてもかまわない場合 ●文字数をそれほど必要としないとき (例) ・お中元、お歳暮に対するお礼状 ・季節の挨拶状 ●異性あての手紙（誤解を招かないため。色や模様のついたものも避ける）

手紙の基本構成

手紙は基本的には、「前文」「主文」「末文」「後付け」の四つの要素から成り立っています。
また、「頭語」や「時候の挨拶」など、細かな要素をおさえましょう。

1 前文

❶ 頭語

「拝啓」「謹啓」など、手紙の前文の書き出し。結語との組み合わせが決まっているので、間違いのないように気をつけましょう（P.16 参照）。一字下げずに行頭から書き始めるのが原則です。ただし、女性の手紙などでは、よほどあらたまったものでなければ頭語は必要ありません。

❷ 時候の挨拶

季節に敏感な日本人特有の挨拶言葉。頭語から一字分あけて、または頭語の次の行に一字下げて書きます。（P.22 参照）

❸ 安否を尋ねる挨拶

相手の安否を気遣う言葉。名前を入れるときは、相手の名前が行頭か、または行の上半分にくるように書きます。

2 主文

❹ 起こしの言葉

前文が終わり、主文が始まることを読み手に知らせるための言葉。「さて」「ところで」「このたびは」「さっそくですが」が一般的です。

❺ 主文

手紙の趣旨をここでまとめます。わかりやすい文章を心がけましょう。

◇例文◇

前文 ／ 主文

❶拝啓　❷新緑のまぶしい季節となってまいりました。
❸秋山様にはお元気でお過ごしのことと存じます。
❹さて、❺このたびはお忙しい中をわざわざお見舞いにお越しいただき、ありがとうございました。
温かいお言葉に励まされ、おかげさまで五月十五日に退院し、平常の生活に戻りつつありますので、六月頃には現場復帰できるものと存じます。

◆◆◆◆四つの基本構成を知れば誰でも手紙が書けるようになる

正しい手紙の書きかたなどというと、面倒に思うかもしれません。しかし、形式がわかれば、誰でも確実に正しい手紙が書けます。慣れるまでは、本書で紹介している基本構成を、そのまま活用するとよいでしょう。とくに、目上の人に対するお礼状は、十分に礼を尽くすことが大切です。

まず、上記の例文を見るとわかるとおり、手紙は基本的に「前文」「主文」「末文」「後付け」の四つ

3 末文

❻ 締めくくりの言葉
主文を締めくくる意味で、相手に今後の指導・支援を求める言葉や、相手の健康・繁栄を願う言葉、主文を要約する内容などを書きます。

❼ 結語
頭語に対応した挨拶の言葉。一番最後の行に、下から一字分あけて書きます。頭語がないときは、内容の締めくくりとして「お礼まで」や「お体を大切に」などと書きます。

4 後付け

❽ 発信日
手紙を書いた日付。本文よりやや小さめの文字で書きます。

❾ 差出人名
発信日の次の行に、下から一字あけて差出人（自分）の名前を書きます。

❿ 宛名
行頭から、主文などよりもやや大きめの字で、相手の名前を書きます。相手の名まで書かなくても、「○○様」や「○○先生」のように姓だけでも失礼にはあたりません。名前が便箋の最後の行にかかるときは、発信日を結語か差出人名と同じ行に書いて詰めます。

末文

❻今後とも、なおいっそうのご指導を
賜りますよう、よろしくお願い申し上げます。
末筆ながら、秋山様のご健康を
お祈りいたしております。まずは退院のご挨拶まで。
❼敬具

後付け

❽五月十七日
❾豊田浩二
❿秋山治夫 様

の要素から構成されます。さらに、それぞれは「頭語」や「時候の挨拶」などの要素から成り立っていることもわかります。

形式をしっかり頭に入れるには、丸暗記よりも、理屈も知っておくとおぼえやすくなります。

前文は、会話でいえば「こんにちは」で始まる挨拶。あらたまった手紙ほど、挨拶は丁寧にしましょう。

主文は、手紙の本題。「さて」「ところで」などの言葉から切り出します。

末文は、要件を伝え終えたあとの挨拶。

後付けは、差出人や宛名、発信日など、その手紙の身元をはっきりさせておくための情報です。

はがきの基本構成

封書が手紙の正式な形式であるのに対し、はがきはその略式にあたります。スペースには制限がありますので、バランスを考えながらまとめるようにしましょう。

例文

❶春たけなわの季節となりました。
❷鈴木様にはお変わりございませんでしょうか。
❸さて、このたびは私どもの長男誕生に際しまして、
早速お祝いをいただきまして、
まことにありがとうございました。
まだ不慣れな親ではございますが、どうか今後とも

❶ 時候の挨拶
あらたまった内容のときは頭語を入れ、それに合わせて結語も入れます。それ以外は省略してかまいません。時候の挨拶は、一字分下げて書き出します。

❷ 安否を尋ねる挨拶
相手の名前を書くときは、行頭あるいは行の前半にくるようにします。

❸ 主文
書き出しは一字分下げて。簡潔な言葉で気持ちが伝わるようにしましょう。

❹ 結びの挨拶
相手の健康や繁栄を祈る言葉、または今後の交誼のお願いなどで締めくくります。

❺ 発信日
結びの挨拶、または結語のあとに改行し、本文より二〜三字下げてはがきを書いた日を入れます。

文字スペースのバランスを考える

便箋は枚数を増やすことができますが、はがきは決まった判型一枚のなかにすべての文字をおさめなくてはなりません。そのためかぎられたスペースのなかに、書きたい内容を手紙以上に簡潔にまとめる必要があります。手軽な一方で、はがき独特の書きかたのコツがあるので注意しましょう。慣れないと、書きはじめは大きめの文字で、あとから段々とスペースが足りなくなってきて、小さな文字

よろしくご指導ください。
④ご家族の皆様にもどうぞよろしくお伝えください。
まずは略儀ながら、書中にてお礼申し上げます。
⑤五月二十三日

をいっぱいに詰めこんでしまう、などということもしばしば。受け取ったほうが読みにくく、見た目の印象もよくありません。まず内容を頭のなかで整理して、それから書くようにしましょう。

◆◆◆◆文字は限られたスペースのなかに簡潔にまとめる

文字量のおおよその目安を知っておくことも大切です。一般的な通信文で縦書きの場合は、一行20字～30字×10行前後。横書きなら、一行15字～25字×13行前後を目安にしてください。

それ以上になるときは、封書をつかったほうがよいでしょう。手紙と同じように、一般的には縦書きにしますが、親しい間柄の場合は横書きでもかまいません。

封書に比べ、はがきは手軽に書くことができます。封書を書くのに手間取り、出すタイミングを逃してしまいそうなときは、はがきを利用するとよいでしょう。

Column

時候の挨拶

日本特有ともいうべき時候の挨拶には、「若葉の候」のような漢語調と、「若葉の美しい季節となりました」のような和語調のものとがあります。一般にビジネス文書では短く漢語調をつかう、日ごろからつき合いのある親しい相手などには和語調をつかうなど、適宜つかい分けたほうがよいでしょう。

頭語と結語

形式を重んじたお礼状では、文頭に頭語を、文末に結語を入れます。頭語は「拝啓」、結語は「敬具」が最も一般的ですが、ほかにも状況によるつかい分けがあります。

◆◆◆◆手紙を出すときの状況や相手によって組み合わせを変えて

お礼の気持ちを丁寧に伝えるには、伝統的な手紙の規則にのっとるのもひとつの方法です。

代表的なのは、「頭語」と「結語」を用いた手紙。頭語は、日常語でいえば「こんにちは」、結語は「さようなら」です。女性が手紙を書く場合には、「さようなら」という言葉をそのまま結語にすることもあります。また、「かしこ」「ごめんくださいませ」も、女性特有の結語の言い回しです。

いずれにしても、頭語と結語は、常にセットにしてつかうのが基本です。ただし、プライベートの手紙では、頭語を省くことがあります。その場合は、臨機応変につかい分けましょう。

また、一般的な手紙では、「拝啓」と「敬具」の組み合わせをつかいますが、それぞれの書きかたに合わせてほかの頭語や結語をつかう場合もあります。

すべてを最初からおぼえるのは大変なので、左の表を参考にするとよいでしょう。

種類	頭語	結語
一般的な手紙	拝啓／拝呈／啓上 一筆申し上げます	敬具／拝白／拝具 ※かしこ／※さようなら ※ごめんくださいませ

あらたまった手紙 （目上の人や、とくにお世話になった人の場合）	謹啓／恭啓／粛啓 謹白／謹呈 謹んで申し上げます	敬具／謹言／謹白 頓首／敬白 略儀ながら書中をもって申し上げます ※かしこ
急用の手紙 （できるだけ早急にお礼を述べたい場合。あとに続く時候の挨拶は省く）	急啓／急呈／急白 取り急ぎ申し上げます 走り書きでお許しください 略儀ながら申し上げます 早速ですが	早々／謹言／頓首 ※かしこ／※さようなら ※ごめんくださいませ
前文を省略する手紙 （日ごろからつき合いのある相手などの場合。挨拶を省略して「前略」などとすることも）	前略／冠省／略啓 前文失礼いたします 前文お許しください	草々／早々／不一 不尽／不備 ※かしこ／※さようなら
返事の手紙 （相手からの文書に返事を書く場合）	拝復／啓復 お手紙拝見しました ご返事申し上げます 取り急ぎご返事申し上げます お手紙ありがとうございました	敬具／拝白／拝具 ※かしこ ※さようなら ※ごめんくださいませ

※女性が用いる表現

前文と末文

前文と末文は、いわば主文の体裁を整える手紙文の枠組み。この形をおさえておけば、誰でも礼儀正しい手紙を書くことができます。そのままおぼえてつかいましょう。

✿前文

〈相手の安否を尋ねる挨拶〉

皆様
皆々様
ご一同様

↓

におかれましては
には

↓

ますます
いよいよ
一段と

↓

ご健勝
ご清栄
ご壮健

↓

の由
のご様子
の段

↓

大慶に存じます
(心より)お喜(慶)び申し上げます

お変わりなく
お元気で
お健やかに
ご無事で
お障りなく

↓

のことと
にお過ごしのことと

↓

拝察いたしております
(心より)お喜(慶)び申し上げます
大慶に存じます

↓

お過ごしのことと
お暮らしのことと

↓

大慶に存じます

お元気で
いかがお過ごしで
お変わりなくお過ごしで

↓

いらっしゃいますか
しょうか

ご家族の皆様
○○様

↓

は

↓

お元気ですか
いかがお過ごしですか
お変わりなくお過ごしですか

〈日ごろの感謝の挨拶〉

日ごろは
平素は
いつも
先日は
過日は
今般は
このたびは
常々

↓

たいへん
何かと
格別(の)

親身に(な)

ひとかたならぬ
なみなみならぬ

↓

お世話になりまして
お心にかけていただきまして

ご心配
お気遣い
↓
をいただきまして

ご厚情
ご指導
ご芳志
ご高配
↓
を賜りまして
にあずかりまして
を頂戴いたしまして

↓

(誠に)ありがとうございます
(厚く)お礼申し上げます
(心より)お礼申し上げます
(深く)感謝いたします
深謝申し上げます
恐縮いたしております

〈自分の安否を伝える挨拶〉

私も
当方も
私どもも
家族一同
こちらも

↓

おかげさまで
おかげさまをもちまして

↓

元気に
健康に
変わらずに
無事に
息災に
平穏に
何事もなく
大過なく

↓

暮らしております
過ごしております

末文

〈無沙汰をわびる言葉〉

日ごろは
平素は
心ならずも
ついつい
久しく
長らく

↓

ご無沙汰のみにて
ご無沙汰ばかりで
雑事にまぎれてご無沙汰しており
ご無沙汰いたしまして

↓

お許しください
心苦しく思っております
深くおわび申し上げます
誠に申し訳なく恐縮に存じます
申し訳ございません

〈相手の健康や幸福、発展を祈る言葉〉

皆様の
○○様の
ご家族の
ご一同様の

↓

ますますの
いよいよの
一層の
さらなる

↓

ご多幸を
ご活躍を
ご発展を
ご健勝を

↓

（心より）お祈り申し上げます
祈念いたしております

〈用件を総括する挨拶〉

まずは
取り急ぎ
略儀ながら
書中をもちまして
遅ればせながら取り急ぎ
↓
書中にて
お手紙で
↓
お礼
ご返事
ご挨拶
↓
申し上げます
いたします

〈後日の連絡を伝える挨拶〉

近いうちに
追って
近日中に
↓
お電話を差し上げます
またご連絡差し上げます

詳細をご連絡申し上げます
参上してご挨拶させていただきます

〈今後の交誼を願う挨拶〉

今後とも
これからも
どうか
どうぞ
↓
よろしく
末永く
変わらぬ
↓
ご指導
ご鞭撻
ご助言
お力添え
ご教示
ご交誼
おつき合い
↓
(を)くださいますよう
のほど
(を)賜りますよう
↓
お願いいたします
お願い申し上げます

時候の挨拶と季節の言葉

前文に入れる時候の挨拶はもとより、末文の結びの言葉などにも、季節を盛りこんだ表現がつかえます。それぞれの季節や月で決まった表現があるので、左の例を参考にしましょう。

一月

睦月　端月　初月　初春月

漢語調（「〜の候」「〜のみぎり」と続ける）

新春《しんしゅん》／厳寒《げんかん》
大寒《だいかん》／初春《しょしゅん》
仲冬《ちゅうとう》／寒冷《かんれい》
寒風《かんぷう》／酷寒《こっかん》

和語調

- 寒気ことのほか厳しい日々ですが
- 例年（近年）にない厳しい寒さが続いております。
- 松飾りもとれ、普段通りの生活が戻ってまいりました。
- 春が待ち遠しい今日このごろです。

結びの言葉

- どうぞこの一年がお健やかな年になりますように。
- 本年のより一層のご健勝とご活躍をお祈りいたします。
- 時節柄風邪などお召しになりませんように。
- インフルエンザが流行しているようですので、どうぞお気をつけください。
- 寒さが身にしみる折から、くれぐれもご自愛くださいますように。

二月

如月　雪消月　梅見月　仲春

漢語調

余寒《よかん》／残寒《ざんかん》
残冬《ざんとう》／向春《こうしゅん》
梅花《ばいか》／立春《りっしゅん》
晩冬《ばんとう》

和語調

- 立春とは名ばかりで寒い日々が続いておりますが
- 梅のつぼみもそろそろふくらみはじめ
- まだまだ寒さも厳しいようですが
- 暦の上では春と申しますが
- 春まだ浅い今日このごろですが、いかがお過ごしですか。

結びの言葉

- 春はもうすぐそこまで来ております。心待ちにいたしましょう。
- 雪解けも間近です。暖かくなったら会いましょう。
- 年度末をひかえて忙しくなることと存じますが、くれぐれもご自愛ください。
- 季節の変わり目でございますので、くれぐれもお体にお気をつけください。

三月

漢語調

早春《そうしゅん》／春寒《しゅんかん》
浅春《せんしゅん》／孟春《もうしゅん》

和語調

- ようやく春めいた今日このごろで
- 日毎に春めいてまいりました。
- 水温む季節となりましたが

結びの言葉

- もうすぐお花見のシーズンですね。今年もご一緒しましょう。
- 桜の便りもすぐそこまで届いております。ご自愛の

弥生
桃月
桜月
花月

春分《しゅんぶん》／春暖《しゅんだん》
解氷《かいひょう》

●おだやかな日差しに、身も心も弾む思いです。
●花の便りとともに、春うららかな候となりました。

うえご活躍のほどお祈り申し上げます。
●春とはいえ、まだまだ朝晩は冷えこむ季節です。くれぐれもご自愛くださいませ。

四月

卯月
卯花月
花残月
夏初月

陽春《ようしゅん》／春暖《しゅんだん》
軽暖《けいだん》／晩春《ばんしゅん》
麗春《れいしゅん》／桜花《おうか》
春爛漫《はるらんまん》

●春たけなわの季節となりました。
●かげろう燃える陽気となりました。
●新人社員の初々しい姿をあちらこちらで見かけるシーズンとなりました。
●野も山も人のいとなみも、すっかり春めいてまいりました。
●日一日と暖かくなり、日中は汗ばむほどの陽気となりました。

●花冷えの折から、お体大切にお過ごしください。
●ゆく春を惜しみつつ、まずはお礼まで。
●春風に誘われて、ぜひお出かけください。
●連休はゆっくりなさってください。
●天候定まらぬ季節でございます。くれぐれもご自愛くださいませ。

五月

皐月
菖蒲月
早苗月
橘月

新緑《しんりょく》／薫風《くんぷう》
初夏《しょか》／若葉《わかば》
晩春《ばんしゅん》／軽暑《けいしょ》
立夏《りっか》

●新緑の匂い立つ、好季節を迎えました。
●五月晴れの空に鯉のぼりが元気よくなびいております。
●さわやかな初夏の季節となりました。
●吹く風にも初夏の香りがただよう季節となりました。
●目には青葉山ほととぎす初鰹の季節

●夏に向け、パワー全開でのご活躍を期待しております。
●どうか健やかに、新緑の季節を満喫なさってください。
●過ごしやすい季節ではございますが、なお一層ご自愛くださいますよう、お祈り申し上げます。

六月

水無月
風待月
葵月
涼暮月

梅雨《つゆ》／初夏《しょか》
長雨《ながあめ》／向夏《こうか》
麦秋《ばくしゅう》／青葉《あおば》
向暑《こうしょ》

●うっとうしい梅雨の季節となりました。
●紫陽花の花が日毎に美しい日々となりました。
●梅雨の晴れ間に夏の気配を感じております。
●梅雨寒の毎日ですが、皆様お健やかにお過ごしでいらっしゃいますか。

●梅雨寒の日が続いております。どうぞお体を大切になさってください。
●梅雨冷の折から、夏風邪などお召しになりませんようご自愛ください。
●梅雨明けも間近でございます。どうぞお体には十分お気をつけください。
●夏はすぐそこ。あなたの大好きなシーズンですね。

		漢語調 「～の候」「～のみぎり」と続ける	和語調	結びの言葉
七月	文月 七夕月 桐月 涼月	猛暑《もうしょ》／酷暑《こくしょ》 盛夏《せいか》／炎暑《えんしょ》 灼熱《しゃくねつ》／大暑《たいしょ》 烈暑《れっしょ》	●暑さ厳しい折 ●いよいよ夏本番となってまいりました。 ●連日うだるような暑さが続いておりますが ●夏の太陽がまぶしい日々となりました。 ●連日、寝苦しい夜が続いておりますが、皆様お元気でいらっしゃいますか。	●厳しい暑さが続きますが、くれぐれもご自愛ください。 ●猛暑の折、体調にはお気をつけください。 ●ご健勝にて夏を乗り越えられますよう、お祈り申し上げます。 ●夏休みには帰省されることを楽しみにしています。
八月	葉月 秋風月 草津月 月見月	残暑《ざんしょ》／残夏《ざんか》 晩夏《ばんか》／立秋《りっしゅう》 処暑《しょしょ》／初秋《しょしゅう》 避暑《ひしょ》	●立秋とは名ばかりの暑さですが ●残暑厳しき折、いかがお過ごしですか。 ●いまだ暑さ厳しき折 ●暑さがひときわ身にしみる今日このごろですが ●いまだに衰えぬ暑さでございますが、夏バテなどなさってはいらっしゃいませんでしょうか。	●まだしばらくは暑さが続くようでございます。健康にはくれぐれもお気をつけください。 ●連日の熱帯夜、どうかお体にお気をつけください。 ●これからは暑さもだんだんしのぎやすくなってくるはずです。お互いにもうひとふんばり、がんばりましょう。
九月	長月 菊月 紅葉月 寝覚月	初秋《しょしゅう》／新涼《しんりょう》 秋涼《しゅうりょう》／早秋《そうしゅう》 爽秋《そうしゅう》／白露《はくろ》 秋晴《あきばれ》	●ようやくしのぎやすい季節となりました。 ●読書の秋、スポーツの秋がやってまいりました。 ●木々のそよぎに秋の気配が感じられる ●虫の音も日々澄み渡たり ●日増しに秋の気配が濃くなってまいりました。	●まだしばらくは残暑が続きそうです。お体にはお気をつけください。 ●朝晩はずいぶん冷えるようになりました。お風邪など召しませんようご用心ください。 ●ご家族の秋がさわやかなものでありますよう、お祈り申し上げます。

十月

神無月
時雨月
初霜月
小春月

秋冷《しゅうれい》／仲秋《ちゅうしゅう》
紅葉《こうよう》／清秋《せいしゅう》
錦秋《きんしゅう》／夜長《よなが》
秋麗《しゅうれい》

●すっかり秋めいてまいりました。
●朝夕の冷えこみが身にしみるころとなりました。
●天高く馬肥ゆる秋となりました。
●日毎に秋も深まってまいりました。
●うららかな日が続いております。

●街はすっかり秋の装いでございます。どうぞさわやかな毎日をお過ごしください。
●朝晩は冷えこむ季節です。風邪などお引きになりませんようお気をつけください。
●冷気の加わる折から、くれぐれもご自愛ください。
●紅葉に彩られる季節を、どうかご壮健にお過ごしください。

十一月

霜月
神楽月
雪待月
雪見月

深秋《しんしゅう》／晩秋《ばんしゅう》
暮秋《ぼしゅう》／深冷《しんれい》
向寒《こうかん》／冷雨《れいう》
初雁《はつかり》

●日増しに冷気を肌で感じる日々となりました。
●枯れ葉舞う季節となりました。
●晩秋朝もやの中
●朝夕寒さが身にしみる毎日ですが
●陽だまりの恋しい季節となりました。

●めっきり冷えこんでまいりました。くれぐれもご自愛のうえ、お健やかに冬を迎えられますことをお祈りいたします。
●ご多忙な時期とは存じますが、体調には十分ご留意ください。
●季節の変わり目です。くれぐれも体調をくずすことのないようお気をつけください。

十二月

師走
春待月
極月
深雪月
氷月

初冬《しょとう》／歳晩《さいばん》
寒冷《かんれい》／霜寒《しもざむ》
師走《しわす》／年末《ねんまつ》
新雪《しんせつ》

●寒さが身にしみるこのごろとなり
●寒さ厳しい今日このごろ
●今年もいよいよ押し詰まり
●年の瀬の慌ただしさに
●早くも一年の締めくくりの季節となりました。
●クリスマスのネオンがきれいな今日このごろ
●師走に入り、ますますお忙しいことと存じますが
●暖冬とはいうものの、木枯らしが身にしみる時期になりました。
●年の暮れで何かとお忙しい時期と拝察いたしますが、お元気でお過ごしでしょうか。

●年末に向け、ご多忙のことと存じますが、体調にはくれぐれもお気をつけください。
●これからますます空気が乾いてまいります。お風邪など召しませんよう、ご自愛ください。
●今年一年の「ありがとう」の気持ちをこめて一筆申し上げました。
●お元気で新春をお迎えください。
●御地では雪が積もっているそうですね。お風邪などにはくれぐれもお気をつけください。

敬語と敬称

間違ったまま敬語をおぼえてしまうと、ついその癖が出てしまうもの。あとあとまで残る手紙では、とくに敬語の誤用は避けたいものです。もう一度しっかりと確認しましょう。

◆◆◆◆敬語を適切につかい分ける

敬語は社会人のたしなみです。お礼状にかぎらず、いつでも自然なつかい分けができるようにしましょう。また、敬語は相手の立場を尊重する意味で大切な言葉ですが、あまりそのつかいかたが過ぎると、かえって嫌味な印象を与えてしまいます。

ほどよい敬語をつかうには、ある程度の慣れも大事です。はじめは本書の例文などを参考にしながら、おぼえていきましょう。

●敬語の種類と基本構成

敬語の種類	基本構成
尊敬語 相手への敬意を表す言葉。相手側の呼び名や動作につかう。	●名詞に「お」「ご」「芳」「貴」「尊」などをつける 例)お手紙　ご理解　貴家 ●特別な表現をつかう 例)おっしゃる　いらっしゃる ●形容詞の上に「お」をつける　例)お高い　お忙しい ●動詞を「お」と「になる・くださる・なさる」ではさむ 例)お聞きになる　お読みくださる ●動詞に「れる・られる」をつける　例)読まれる／受け取られる
謙譲語 自分のことをへりくだって表現し、間接的に相手に敬意を表す言葉。 自分側の呼び名や動作につかう。	●名詞に「拙」「卑」「愚」「小」「粗」などをつける 例)拙宅　粗品　小生 ●特別な表現をつかう 例)拝見する　申し上げる　参る　伺う ●動詞を「お」と「する・いたす・申す」ではさむ 例)お待ちする　お会いする　お読み申す　お答え申し上げる ※名詞は「ご～」となる　例)ご持参いたします
丁寧語 丁寧な言葉づかいをすることで、相手に敬意を表す言葉。	●名詞に「お」「ご」などをつける 例)お花　お酒 ●「です」「ます」の形にする 例)そうです　さようでございます　伺います

●尊敬表現と謙譲表現

呼び名の称しかたで、相手への尊敬を表す、または自分を謙遜する用法

人

対象	尊敬表現	謙譲表現
本人	あなた／貴女 貴殿／貴兄／貴君	私／私ども 小生／手前ども
夫	ご夫君／だんな様 ご主人	夫／主人 宅
妻	奥様／ご令室 令夫人	妻／家内 女房
父	お父上／お父君 ご尊父様／お父様	父／実父 老父／父親
母	お母上／お母君 ご母堂様／お母様	母／実母 老母／母親
息子	ご令息／ご愛息 ご子息	息子／せがれ 愚息
娘	ご令嬢／お嬢様 ご息女	娘
家族	皆様／皆々様 ご一同様／ご家族様	私ども／家族 家中

物

対象	尊敬表現	謙譲表現
会社	貴社／御社／貴店／貴行 貴支社／貴部／貴課	当社／小社／弊社 当行／当支社／当店
家	お宅／貴宅／貴邸 貴家／尊宅	宅／拙宅／住まい 我が家
団体	貴会 貴協会	当会／本会 当協会
官公庁	貴省／貴庁 貴署	当省／当庁 当署
場所	貴地／御地 貴県	当地／当所 当県
意見	ご意見／ご高説 ご意向／ご卓見	私見／私案 愚見／愚案
文書	貴信／貴書／ご書面 ご書状／お手紙	弊信／書面 書中
品物	ご厚志／ご高配／結構なお品 お心づくし／佳品／銘酒／銘菓	寸志／心ばかりの品 粗品／粗酒／粗菓

●よくつかう動詞の敬語表現

一般動詞	尊敬語	謙譲語	丁寧語
いる	いらっしゃる	おる	います
行く	いらっしゃる／おいでになる／お出かけになる／行かれる	参る／伺う／参上する	行きます
来る	いらっしゃる／おいでになる／見える／お見えになる／お越しになる	参る／参上する	来ます
贈る・送る	お贈（送）りになる／贈（送）られる／ご恵贈（送）いただく	お贈（送）りする／お贈（送）り申し上げる／お贈（送）りいたす	贈（送）ります
する	なさる／される	いたす／させていただく	します
会う	お会いになる／会われる	お目にかかる／お会いする	会います
言う・話す	言われる／おっしゃる／お話しになる	申し上げる／申す	言います
見る・読む	ご覧になる／見られる／お読みになる／読まれる	拝見する／拝読する／お読みいたす	見ます／読みます
聞く	お聞きになる／聞かれる	お聞きする／拝聴する／伺う／承る	聞きます

尋ねる	お尋ねになる／尋ねられる	お尋ねする／伺う／お尋ねいたす	尋ねます
知っている	ご存じ／知っていらっしゃる	存じ上げる	知っています
思う	思われる／思し召す／お思いになる	存じます／存じ上げる	思います
考える	考えられる／お考えになる／お考えくださる	考えさせていただく	考えます
与える	お与えになる／与えられる／差し上げる	差し上げる	与えます／あげます
もらう／受ける／受け取る	お受けになる／お受け取りになる／お受け取りなさる	お受けする／頂戴する／いただく／賜る／拝受する／お受けいたす	もらいます／受けます
食べる	召し上がる／上がる	ご馳走になる／頂戴する／いただく	食べます
着る	お召しになる／着られる	着させていただく／着る	着ます
借りる	お借りになる／借りられる	拝借する／お借りいたす	借ります
休む	お休みになる／休まれる	休ませていただく／お休みいたす	休みます

宛名の書きかた（封書）

封書を郵送で出す場合、表書き、裏書きなど、最低限のマナーとルールをおさえておく必要があります。名前や住所など、誤字・脱字にはくれぐれも気をつけましょう。

和封筒

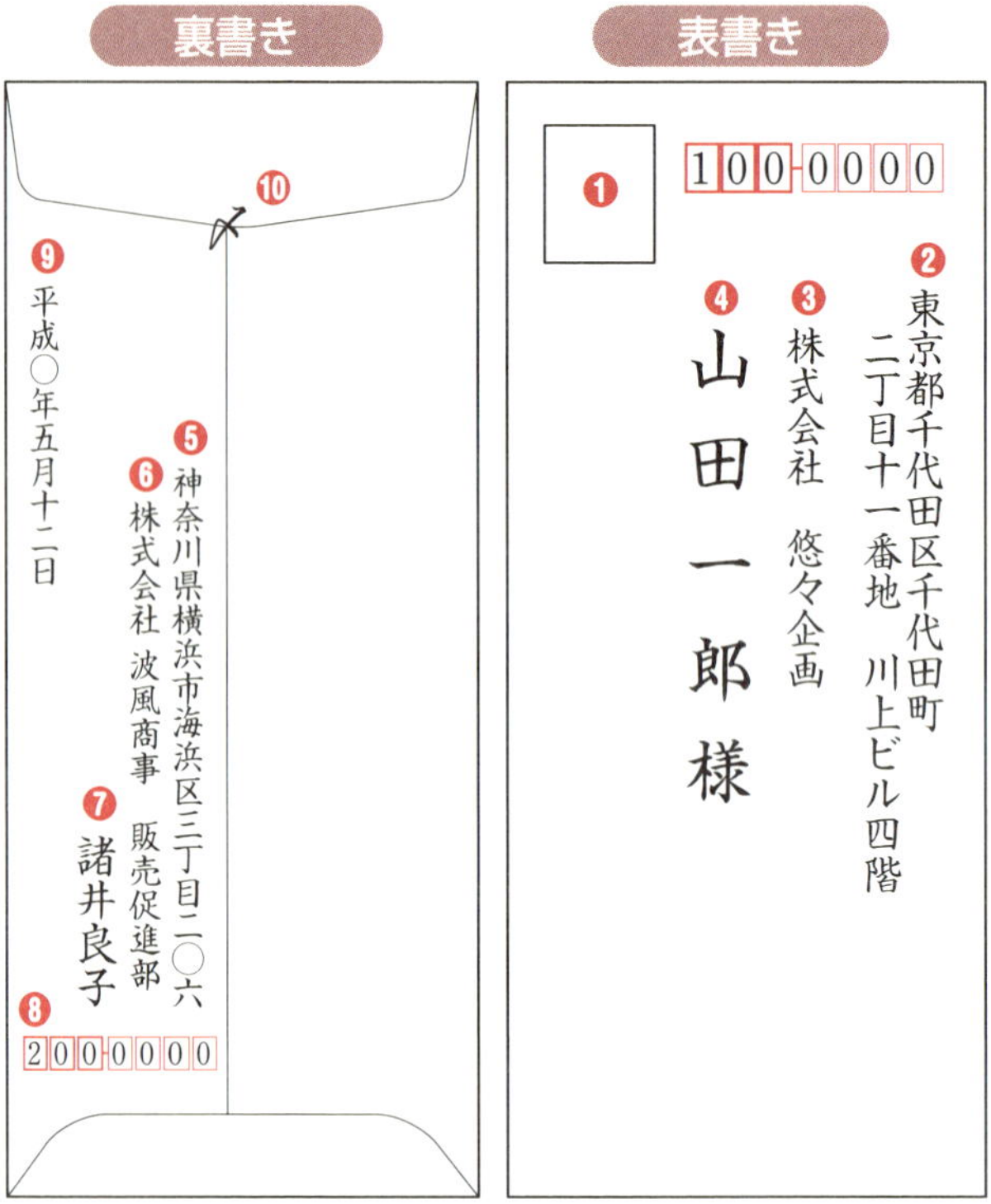

❶ 切手
できるだけ一枚の切手でおさめます。二枚以上貼る場合は、横に並べないようにします。

❷ 住所
右端に1～1.5㎝くらいの余白を作り、できるだけ一行におさめましょう。二行にわたる場合は、二行目を一字下げ、市町村名やマンションの名前が二行に分かれないように注意します。

❸ 社名・部署名
社名や部署名を入れるときは、株式会社、有限会社を（株）（有）などと省略しないように。書き出しは中央やや右寄りで、住所の一行目より一字下げます。

❹ 宛名
氏名は社名や住所よりやや大きめの文字で字間をあけて書きます。左右ほぼ中央の位置に住所の一行目よりも一字下げた位置から書き出します。

❺ 差出人住所
差出人住所は中央寄りの左側に書きます。

❻ 社名・部署名
社名が入るときは、住所の左側に、一字下げて書き出します。部署名はその下に一字あけて書き、入らないときは改行して、住所より一字下げて書きます。

❼ 氏名
氏名は、住所より大きめの字で書きます。

❽ 郵便番号
相手からの返信の便宜を考慮し、郵便番号も必ず書きこんでおきます。

❾ 日付
発信年月日を左上に入れます。

❿ 封字
のりで封をし、「〆」「締」「封」などと書きます。祝儀の手紙には、「寿」「賀」と書きます。差出人が男性の場合のみ、重要な手紙については「緘」と書きます。

洋封筒

表書き

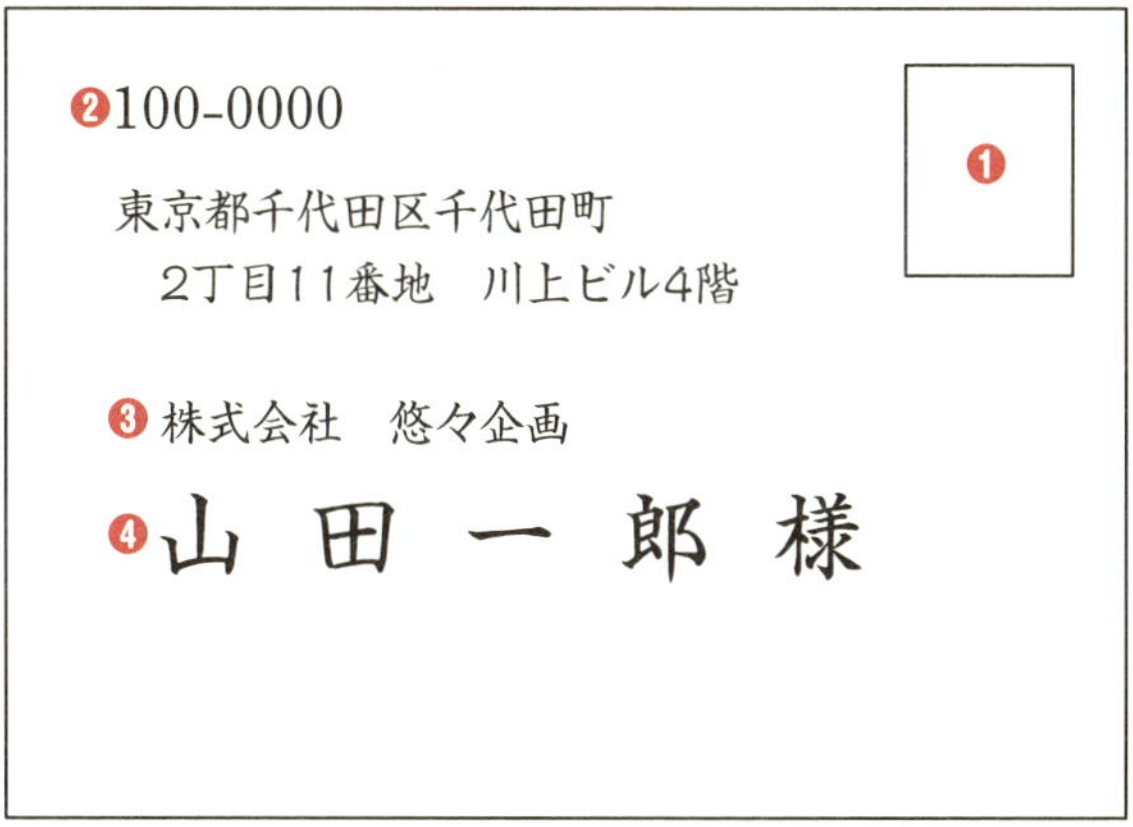

❶ 切手
横書きにするときは、切手の向きも合わせます。

❷ 郵便番号・住所
郵便番号の前に「〒」は書かないようにします。住所は封筒の上半分の位置に、一〜二行で書きます。横書きでは、算用数字を用います。

❸ 社名・部署名
住所の一行目よりも一字下げた位置から書きます。

❹ 宛名
住所よりやや大きい字で、住所の一行目よりも一字下げた位置から書きます。

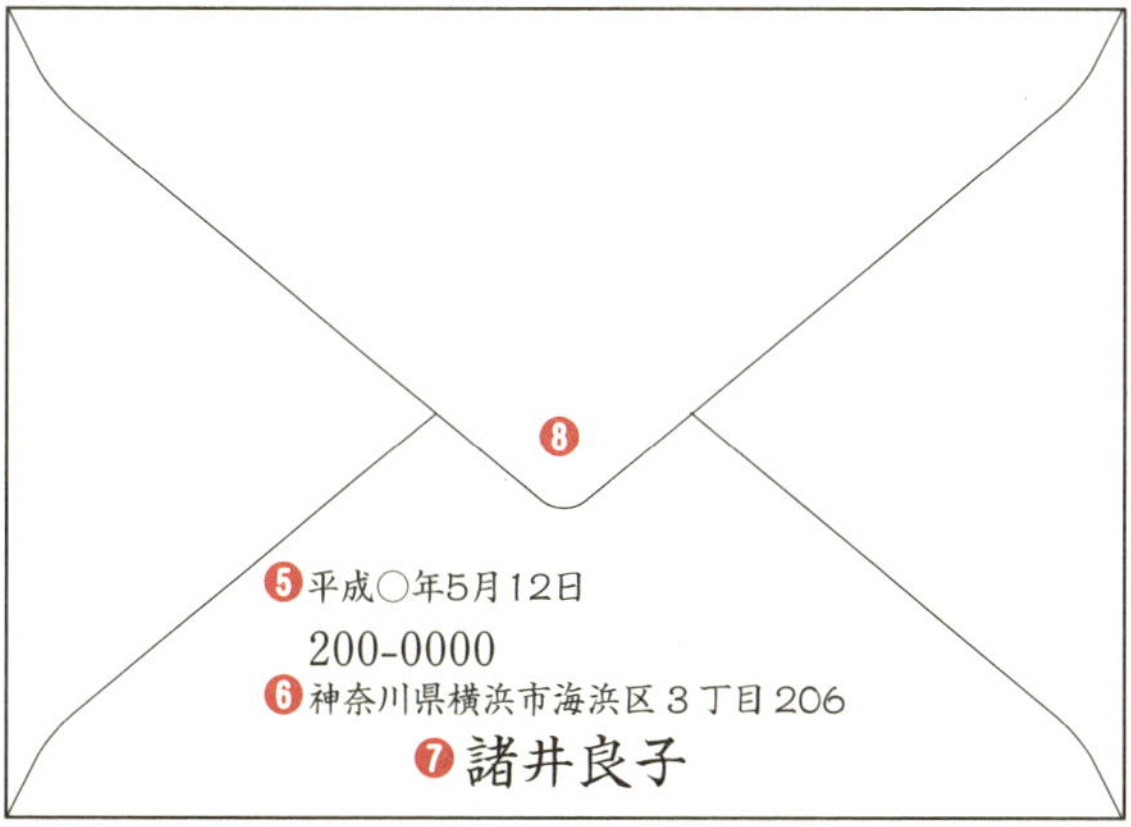

裏書き

❺ 日付
日付は住所より小さく記入し、住所の左上に入れます。

❻ 差出人住所
封筒の下1/3、左右中央の位置に書きます。

❼ 氏名
住所の下に、住所より大きめの字で左右中央の位置に書きます。

❽ 封字
「〆」「封」など、とくに書く必要はありません。

◆封書のNG◆

- 番地の途中で改行する
- 宛名が連名の場合、つける敬称をひとつで済ませる（ひとりひとりにつけなければならない）
- セロハンテープやホチキスで封印する（のりづけで封印するのがマナー）

宛名の書きかた（はがき）

はがきはもともと略式の文書なので、封書ほど形式にこだわる必要はありません。とはいえ、やはり相手の名前や住所をきちんと書き、読みやすさを心がけるなど、最低限のルールはおさえておきたいものです。

縦書き

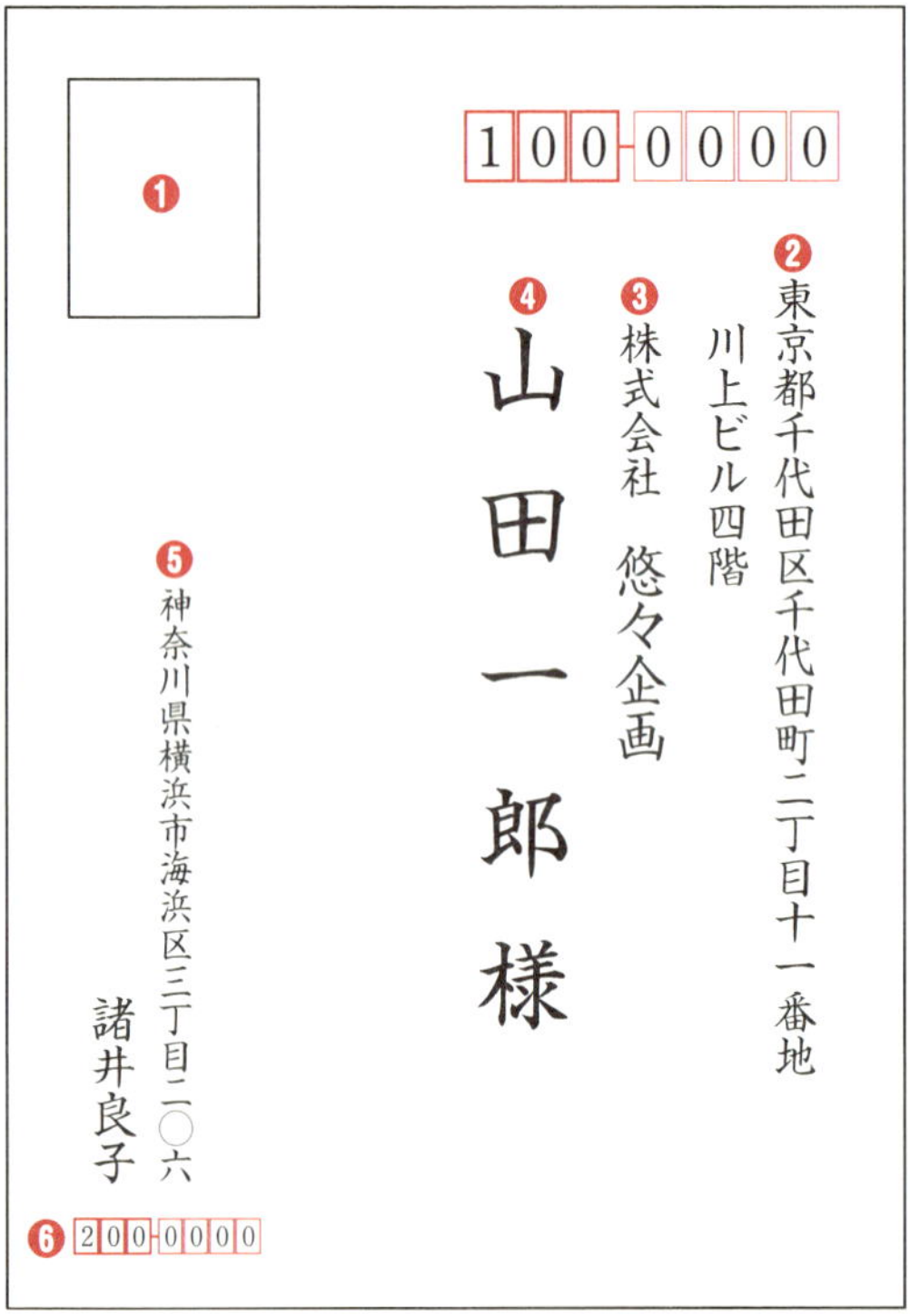

① 切手
二枚になるときは縦に並べます。

② 住所
はがきの右端に1～1.5㎝くらいの余白を作ります。住所はできるだけ一行におさめましょう。二行にわたるときは、一字下げます。縦書きでは、数字は漢数字が原則。

③ 社名
社名が入るときは、住所の左側に、住所の一行目よりも一字下げて書き出します。

④ 宛名
氏名は住所よりやや大きめの文字で。住所の一行目よりも一字下げた位置から書き出します。

⑤ 差出人住所／氏名
一般には表面の左側に、宛て先住所や宛名よりもそれぞれ小さく書くのが原則です。裏面に書いても可。

⑥ 差出人郵便番号
所定の欄にかならず書きこみます。

横書き

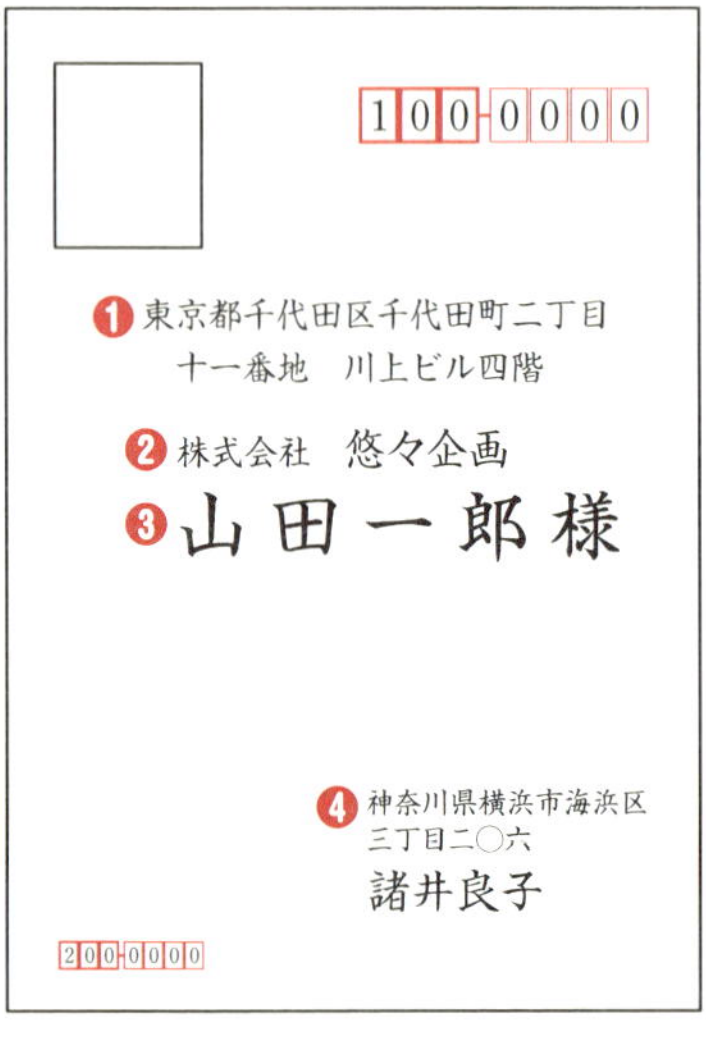

① 住所
住所が二行になる場合、二行目は一字下げて書きます。

② 社名
住所の下に、住所の一行目より一字下げて書き出します。

③ 宛名
住所よりやや大きめの字で、住所の一行目より一字下げて書き出します。右端が郵便番号の枠よりはみ出さないように。

④ 差出人住所／氏名
右下にやや小さめに書きます。

便箋の折りかた

便箋の折りかたにも、マナーがあります。封筒の種類や大きさによって折りかたを変えるのは、封を開ける人の立場になって考えた工夫。正しい折りかたをおぼえましょう。

✻便箋の折りかたと封書への入れかた

●B5判の用紙を長4封筒（定型小）に入れる

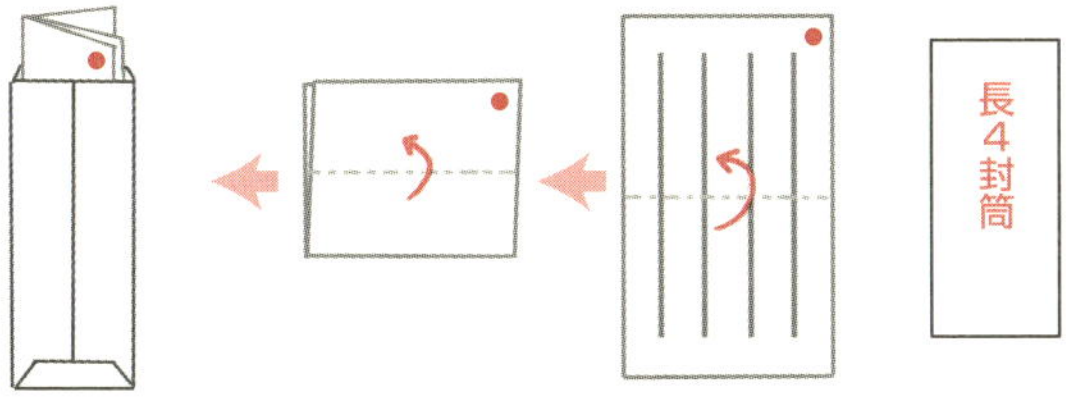

❸ 文書の書き出しが上にくるように封筒に入れる

❷ さらに半分に折る

❶ 書面を上にして、便箋を半分に折る

●A4判の用紙を長3封筒（定型大）に入れる

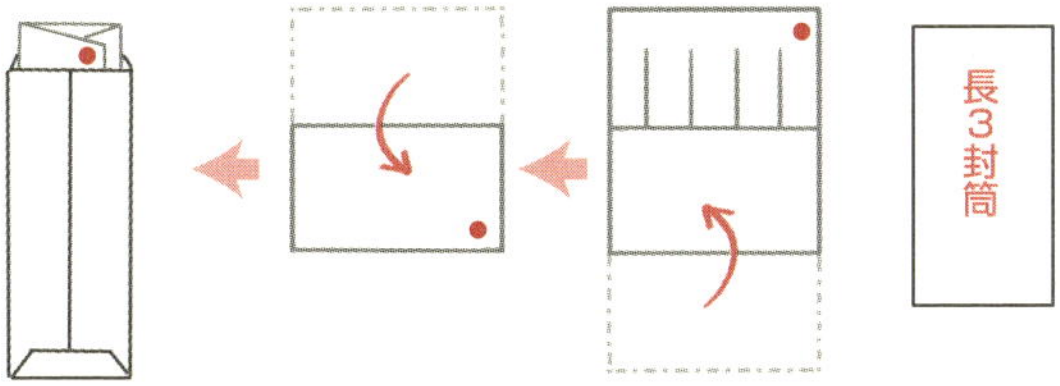

❸ 文書の書き出しが上にくるように封書に入れる

❷ 上の3分の1をかぶせるようにして折る

❶ 書面を上にして、便箋の下から3分の1を折る

●A4判の用紙を洋封筒に入れる

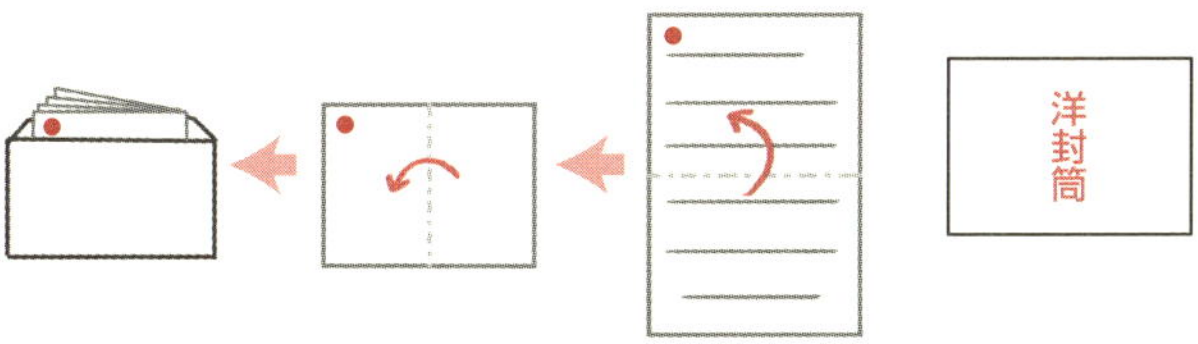

❸ 文書の書き出しが上にくるように封筒に入れる

❷ ①を横で半分に折る

❶ 書面を上にして縦方向で半分に折る

お礼状のマナーQ&A

Q 自分を指す言葉は行のどこに書けばいい？

A 一般に、相手側を指す「○○様」「○○先生」「ご家族様」などは、行頭か行の上半分にくるように書くのがマナー。一方、自分側を指す言葉である「私」「私ども」「夫」「わが子」などは、行の半分から下に書くのが原則です。

どうしても自分を指す言葉が行の上半分にきてしまうときは、その行の右に寄せて、文字を小さめに書けばOKです。

Q 単語やひとつの文節が二行にまたがってもかまわない？

A たとえば、「ありがとうございます」という言葉が二行にまたがって、一行目に「ありがとう」、二行目の頭に「ございます」と続くと、相手にとっては読みづらいものです。

そういうときは、行末をそろえることよりも、読みやすさを優先させます。一行におさまらないときは、きりのいいところで改行するか、字を小さくして一行内におさめましょう。

Q お礼状に写真を添えるのはOK？

A 遠方に住んでいる人から出産祝いや子どもの入学祝いをいただいたときなどは、子どもの写真を送ってもよいでしょう。とくに身内や親しい人にとっては、子どもの成長が一目でわかるので喜ばれます。

写真を印刷したはがきで、表面にお礼の文章を書くときは、裏面の写真の向きに合わせて縦書きにするか横書きにするかを決めるとよいでしょう。

Q 本人以外が礼状を代筆してもかまわない？

A 夫がするお礼を、妻が代わりに書いてもかまいません。その場合は、文中に一言、本人もお礼を述べているということを書き添えましょう。

また、妻が代筆した場合でも差出人は夫の名前を書き、その左脇に小さめに「内」または「代」と書きましょう。「代」と書いた場合は、その横に妻の名前を書きます。

第2章

贈り物に関するお礼状

贈り物に関するお礼状のマナー

贈り物をいただいたら感謝の気持ちを手紙で伝える

贈り物をいただいたら、できればその日のうちに、遅くとも受け取ってから三日以内にはお礼状を出しましょう。お礼状には、相手に感謝の気持ちを伝える、という意味のほかに、たしかに品物が届いたと相手に報告する意味もあります。

とくに、生鮮食品のような鮮度が重要なものや、期日指定のある品物などは、先方も相手が受け取ったかどうかを気にかけています。はがきでもいいので、すぐにお礼状を出しましょう。または、先に電話で受け取ったお礼をして、数日後にあらためてお礼状を出してもよいでしょう。

お中元・お歳暮へのお礼状には相手の無事息災を喜ぶ文面を

お中元・お歳暮を贈る、贈られるという行為には、普段お世話になっている人への盆・暮れの挨拶、また季節ごとの安否を確かめ合うという意味もあります。

したがって、お中元・お歳暮に対するお礼状には、「いつもありがとうございます」といった変わらぬ心遣いに対する感謝の気持ちや、「お元気そうで安心しました」といった相手の無事を喜ぶ文面を盛りこむとよいでしょう。相手への具体的な感謝の言葉を述べると、より一層気持ちが伝わります。

前文

拝啓　長かった梅雨もようやく明け、いよいよ夏本番を迎えました。

❶藤代様にはお変わりなくお過ごしのご様子、なによりと存じます。おかげさまでわたくしども家族も、大過なく暮らしております。

❷さて、このたびはお心のこもったお品をいただきまして、

❖手紙の基本文例❖ 男女▶知人

主文

まことにありがとうございました。いつもながらの
お心遣いに恐縮いたしております。
❸こちらではなかなか手に入らない山の珍味で、さっそく
賞味させていただきました。父も母も、

末文

「さすがに本場の天然ものはちがう」と
感嘆の声を上げているところです。
❹ご両親様には、くれぐれもよろしくお伝えください。
これからが夏本番です。体調など崩されませんよう、
どうぞご自愛ください。
まずは、とりいそぎお礼まで。
敬具
七月十五日
横田　優
藤代小枝子様

構成

❶相手の健康を気遣う言葉やこちらの様子
❷日ごろの感謝や贈り物をいただいたことへのお礼
❸贈り物に対する具体的な感想
❹相手の家族への気配りを一言添える

Column

お中元やお歳暮を断りたい場合

過分な贈り物に負担を感じたり、会社などで物を受け取ることを禁止されていたりするときは、受け取りを辞退する旨を伝えます。その場合、「せっかくのお心遣いですが…」などと、相手に配慮した言葉を添えるとよいでしょう。

(例) お気持ちは大変嬉しいのですが、今後お気遣いは無用にお願い申し上げます。

はがき

お中元のお礼①

女性▼友人

❶ずいぶんと暑さが募ってまいりましたが、晶子さんもお元気そうでなによりです。こちらもなんとか元気に暮らしています。

さて、このたびはとても涼やかなお菓子をお送りいただき、ありがとうございました。主人や子供達にも大好評です。

毎年こうして故郷の味をお送りくださる晶子さんのお心遣いがとても嬉しいです。

本日別便にて心ばかりの品をお送りしましたので、南国の味もどうぞお試しください。

❷時節柄、お体にはお気をつけて。

まずは書中にてお礼申し上げます。

かしこ

ポイント

遠方に住む親しい友人や身内同士のお中元は、お互いの元気な様子を確認し合う機会でもあります。届いたときの感想のほか、変わらぬ心遣いへの感謝の気持ちを述べるとよいでしょう。

◆言い換え例◆

❶前文の挨拶

◆風鈴の音色が涼を運ぶころとなりました。

◆梅雨明け早々、うだるような暑さが続いております。

❷相手を気遣う言葉

◆夏風邪など引かれませんように。

◆暑さに負けないよう、お互いよく食べ、十分な睡眠をとりましょう。

手紙

お中元のお礼②

男性
▼
知人

拝啓　盛夏のみぎり、
佐竹様には益々ご壮健のこととお喜び申し上げます。
❶早々にお中元をご恵送たまわりまして、まことに
ありがとうございました。いつもながらのお気遣いに
感謝いたしております。さっそく、家族一同で
珍しいフルーツの盛り合わせを
賞味させていただきました。❷妻、子供ともども
心ゆくまで満喫し「こんな美味しい果物ははじめて！」と、
うれしい驚きの声をあげてしまうほどでした。
これからの季節、ご家業もますますお忙しくなるかと思います。
くれぐれもお身体には気をつけて、元気にお過ごしください。
まずは右、とりあえずお礼まで。
敬具

◆言い換え例◆

❶お中元へのお礼
◆このたびは、私どもの大好物をいただき、本当にありがとうございました。
◆このたびは思いがけず結構なお品を頂戴し、感謝いたしております。

❷贈り物への感想
◆大変おいしいものをいただき、幸せな気分で満たされました。
◆果物には目のない私たちには、なによりのものです。
◆家族一同大喜びで、豪華なデザートに舌鼓を打っております。
◆わざわざ産地にご手配いただいたとのこと、恐縮に存じます。
◆当地で求めるものとは風味も鮮度も格段の違いで、感激いたしました。

はがき

お中元のお礼③

会社
▼
取引先

ビジネス
Business（印刷する場合）

拝啓　大暑の候、貴社ますますご発展のこととお喜び申し上げます。
❶平素はひとかたならぬご厚誼を賜り、厚く御礼申し上げます。
さて、このたびはご丁重なお品を頂戴いたしまして、まことにありがとうございました。❷さっそく、社内で賞味させていただき、あまりのおいしさに一同心から喜んでいる次第です。

皆様のお心づくしにお応えすべく、弊社は社業に邁進してまいる所存です。何卒、変わらぬご指導のほどよろしくお願い申し上げます。

末筆ではございますが、貴社のますますのご発展を心よりお祈りし、まずは御礼申し上げます。

敬具

七月二〇日

岩海商事株式会社
代表取締役　波川一朗

ポイント

取引先からお中元をいただいた場合は、プライベートの場合より、ややあらたまった形式にします。ただし、親しくしている特定の担当者がいる場合は、もう少しやわらかい表現を加えてもよいでしょう。ビジネスの場合は、最後に自分の所属や個人名を添えます。

◆言い換え例◆

❶日ごろの厚誼へのお礼
- 平素は格別のご厚志を賜り、心より御礼申し上げます。

❷贈り物への感想
- いつもお世話になっておりますのに、このようなお心遣いまでいただきまして、たいへん恐縮いたしております。
- ○○様にはいつもなにかとお力添えをいただき、弊社といたしましてもたいへん心強く思っております。

ビジネス
Business

はがき

お中元のお礼④

会社
▼
取引先(個人宛)

拝啓　盛夏のみぎり、山本様におかれましては
ますますご盛栄のこととお慶び申し上げます。
❶このたびは結構なお中元の品を頂戴いたしまして、
誠にありがとうございました。
いつもながらのご厚情、心からうれしく存じます。
❷また、別便で心ばかりの品を送らせていただきました。
どうぞお納めください。
御社営業部の皆様にもよろしくお伝えください。
❸まだまだ暑い日が続きますが、くれぐれもご自愛ください。
❹まずは、お礼と暑中のご挨拶まで。
敬具

◆言い換え例◆

❶贈り物へのお礼
◆毎年、結構なお中元をいただきまして、誠にありがとうございます。

❷お返しを贈る旨の言葉
◆お口に合いますかどうか、別送の品、ご笑納いただければ幸いに存じます。
◆お返しというほどのものではございませんが、別便にて○○を送らせていただきました。

❸相手を気遣う言葉
◆まだしばらくは厳しい暑さが続きますが、体調にはくれぐれもお気をつけください。
◆暑さはこれからが本番でございます。皆様どうぞご自愛ください。

❹末文の挨拶
◆まずは略儀ながら、お礼かたがたご挨拶まで。

はがき

お歳暮のお礼①

女性
▼
親しい友人

❶年の瀬のあわただしい季節となりましたが、
みなさまお変わりなくお過ごしでしょうか。
新鮮で盛りだくさんな海の幸に、家族一同大喜び。
「まだ動いているよ！」と、勇太もびっくりしていました。
さっそく、皆でおいしくいただきました。
❷いつもうれしいものを本当にありがとうございます。
❸まだ寒い日が続きますが、お風邪などひかれませんよう、
どうぞご自愛くださいませ。
まずはお礼まで。

ポイント

親しい友人の場合は、形式にのっとった挨拶よりも、率直な感謝の気持ちを言葉にするとよいでしょう。贈り物に対しての感想を具体的に述べると気持ちが伝わりやすく、贈った側にも喜ばれます。

◆言い換え例◆

❶前文の挨拶
◆皆様お元気そうでなによりと存じます。

❷お歳暮へのお礼
◆このたびは、お心のこもったものを頂戴いたしまして、ありがとうございます。
◆○○さんの変わらぬお心遣いに、夫をはじめ家族一同心より感謝しております。

❸相手を気遣う言葉
◆お体に気をつけ、どうぞよいお年をお迎えくださいね。

はがき

お歳暮のお礼②

仲人 ▼ 新婚夫婦

❶寒さも一段と厳しくなってまいりましたが、お二人ともお幸せのようでなによりです。

❷このたびは、たいへんお心のこもったものを頂戴いたしまして、まことにありがとうございました。

❸とても仲の良いお二人に、私たち夫婦も見習いたいぐらいね、などといつも喜んでおります。

気ぜわしい毎日ですが、体調にはくれぐれもお気をつけください。

まずは書面にてお礼申し上げます。お幸せにね。

◆言い換え例◆

❶前文の挨拶

◆師走に入りあわただしくなってまいりました。

◆寒さ厳しき折、○○様にはいかがお過ごしですか。

◆クリスマスの飾りをあちこちで見かけるようになりました。

❷お歳暮へのお礼

◆さて、このたびは結構なお品をいただき、感謝いたしております。

◆このたびは思いがけず結構なお品を頂戴し、本当にありがとうございました。いつもながら細やかなお心遣いに恐縮するばかりです。

❸相手を気遣う言葉

◆今後はどうかあまりお気遣いくださいませんようお願い申し上げます。それよりも、ぜひまた我が家へ遊びにいらしてください。

手紙

お歳暮のお礼③

男性
▼
目上の知人

拝啓　歳末の候　❶上野様におかれましては
お変わりなくお過ごしでいらっしゃることと存じます。私たちも
おかげさまでいたって元気に過ごしております。
さて、本日はお心のこもったお品を頂き、本当に
ありがとうございました。冬の寒さには熱燗だねと、夫婦で
話していたところへ思いがけず銘酒の贈りものをたまわり、
大変感激いたしております。
いつも変わらぬ細やかなお心遣いをいただき、
心より感謝申し上げます。
寒さはまだまだ続くようです。どうぞご自愛ください。
❷略儀ながら書中にて御礼申し上げます。
敬具

◆言い換え例◆

❶前文の挨拶
- ○○様にはお変わりなくお過ごしとのこと、なによりと存じます。
- 皆様にはますますご清祥のこととお喜び申し上げます。
- 皆々様におかれましては、お障りなくお暮らしのことと存じます。
- ご一同様にはお健やかにお過ごしのことと拝察いたします。

❷末文の挨拶
- 取り急ぎ御礼申し上げます。
- まずは書中にて御礼まで申し上げます。
- 取り急ぎ御礼のみにて失礼いたします。

手紙

お歳暮のお礼④

妻
▼
夫の親戚

今年のカレンダーもとうとう残り一枚となりました。

皆様には益々ご健勝のことと存じます。

さて、❶このたびはご丁寧にお歳暮をお送りくださり、深く感謝いたしております。

甘いもの好きの私ども夫婦にはなによりのいただき物です。

いつもながらのお心遣い、とても嬉しく、厚くお礼申し上げます。昭雄さんからも、くれぐれもよろしくとのことです。
❷今後とも何かとお力添えをくださいますようにお願い申し上げます。
どうぞ、ご家族皆様がご健康でありますよう、心よりお祈り申し上げます。

かしこ

◆言い換え例◆

❶お歳暮へのお礼
◆さて本日は、お心のこもったお歳暮を頂戴し、大変ありがとうございました。いつもながらのお心遣いに恐縮いたしております。
◆このたびは、私どもの大好物をいただきまして、誠にありがとうございました。

❷今後の厚誼を願う言葉
◆これからも、よろしくご厚誼賜りますよう、お願い申し上げます。
◆今後とも、一層のおつき合いのほど、お願いいたします。
◆これからもよろしくお願い申し上げます。
◆今後とも、末永いおつき合いをお願い申し上げます。

ビジネス
Business

はがき

お歳暮のお礼⑤

社員
▼
取引先

拝啓　師走の候　貴社におかれましては
ますますご清祥のこととお慶び申し上げます。
　さてこのたびは、❶大変豪華な洋菓子の詰め合わせを
お贈りいただきまして、いつもながらの
お心づくし、深謝申し上げます。弊社一同で
おいしく頂戴いたしました。
❷本年中のご厚情に感謝いたしますとともに、
来年も、どうぞ弊社をよろしくお引き立てのほど、
お願い申し上げます。
　末筆ではございますが、新しい年の貴社のご隆盛をお祈りし、
略儀ながら書中をもちまして御礼申し上げます。
敬具

ポイント

取引先などから毎年お歳暮をいただいている場合は、そのことも含めてお礼を述べます。年末の挨拶として、一年間のおつき合いを総括する感謝の言葉を述べたり、来年に向けての決意を一言添えたりするのもよいでしょう。

◆言い換え例◆

❶お歳暮へのお礼
◆毎年結構なお歳暮を頂戴いたしまして誠にありがとうございます。

❷今後の厚誼を願う言葉
◆皆様のお心づくしにお応えすべく、一層社業に邁進する所存ですので、今後ともご指導とご協力をお願いいいたします。

お歳暮のお礼⑥

はがき

会社代表 ▼ 取引先

ビジネス Business（印刷する場合）

謹啓　師走の候　貴社におかれましては
ますますご清栄のこととお慶び申し上げます。
❶平素は格別のご芳志を賜り、厚く御礼申し上げます。
さて、このたびはお心のこもったものをご恵贈いただきまして
誠にありがとうございました。早速従業員一同で
有難く頂戴いたしました。
これからも皆様のご信頼にお応えできるよう
誠心誠意努力してまいる所存でございます。
なにとぞご指導ご鞭撻のほどよろしくお願い申し上げます。
❷末筆ではございますが、
貴社のご発展と皆様のご健勝をお祈り申し上げます。
略儀ながら書中にて御礼申し上げます。
敬白

◆言い換え例◆

❶日ごろの厚誼へのお礼

◆平素よりお世話になり、心より感謝申し上げます。

◆日ごろから格別のご厚情を賜っておりますうえに、このようなお気遣いをいただき、恐縮です。

❷相手の繁栄を祈る言葉

◆末筆ではございますが、貴店のご発展と皆様のご活躍をお祈りし、まずは御礼申し上げます。

◆末筆ながら、皆様のますますのご多幸をお祈り申し上げます。

◆ご一同様のご健勝を心よりお祈り申し上げます。

お中元・お歳暮のお礼の表現例

お菓子

▼いただきました名産のお菓子をさっそく家中で賞味いたしております。

▼珍しいフルーツシャーベットの味わいに子どもたちも大満足でした。同封した写真は、そのときの様子を写したものです。○○さんからは、最高のシャッターチャンスまでいただいたというわけです。とってもいい笑顔で写っていると思いませんか?

▼○○の最中といえば、老舗の銘品。こちらではなかなか手に入りにくいだけに、お送りいただき感激です。

果物

▼毎年見事な初物を送ってくださり、ありがとうございます。○○様が届けてくださるスイカは、いまやすっかりわが家の夏の風物となっております。

▼ぶどうは私たち家族の大好物です。家族みんなでおいしくいただきました。とてもみずみずしく、さすが本場の名産品は違うと夫もしきりに感心しておりました。

▼毎年、とれたてのりんごをお送りいただきありがとうございます。今年のりんごは例年にも増して甘みがあるうえに色艶もよいため、両親もとても喜んでいました。

酒類

▼いただいた地ビールでのどを潤し、涼味に酔いしれております。夫は地ビールに目がないので、とても喜んでおりました。

▼さすが米どころの銘酒は一味違うと唸らされました。

▼ワイン好きの○○様からいただいたワインはとても飲みやすく、夫ともにとても喜んでおります。

海産物・珍味

▼カニは私たち夫婦の大好物。主人もこれでお酒がおいしくいただけると喜んでおります。

▼本日、お心づくしの見事な伊勢海老を頂戴いたしました。とりわけ妻が大喜びで、夫の口に入れるぶんも惜しがる始末です。

▼○○の佃煮といえば、食通も唸る珍味。さっそく堪能いたしました。

実用品

▼夫も息子も毎日汗だくになって帰ってくるので、洗剤のいただき物は大助かりです。

▼素敵な花柄の刺繍が入ったタオルで、肌触りもよく、とても気に入ってつかっております。

現金・商品券など

▼息子へのお祝いをいただき、ありがとうございました。よく考えてつかわせていただきます。

▼結構なご芳志をありがとうございました。娘の大好きな花と動物の図鑑を買わせていただきます。

(※「現金」「お祝い金」などといった直接的な表現は避ける。)

乾物・コーヒー

▼猛暑が続く折から、いただいたそうめんにこれ幸いと、涼やかなのどごしを心ゆくまで楽しんでおります。

▼コーヒー好きの夫にはなによりのいただき物です。夫婦ともども、深く濃い味わいを楽しませていただきました。

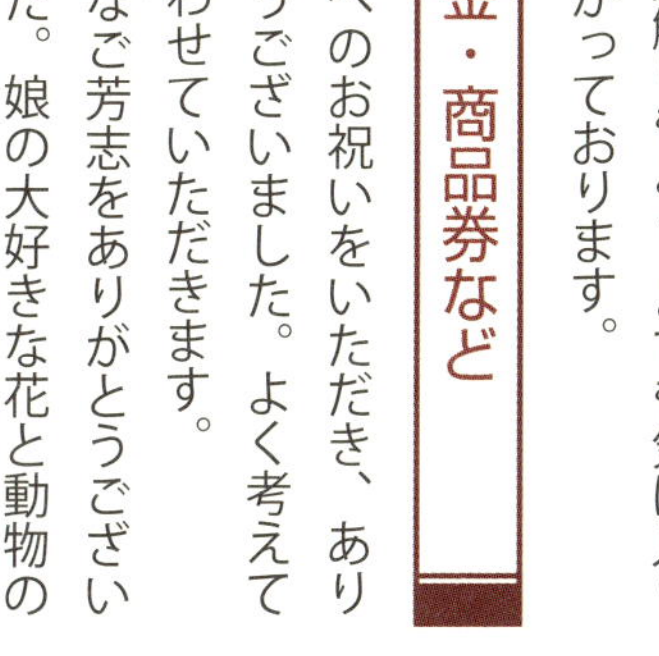

手紙

母の日のお礼

母
▼
息子夫婦

❶先日の母の日には、とても素敵なブローチをありがとう。❷京子さんと雅夫がふたりで選んでくださったそうですね。お心遣いが大変うれしく、さっそくこのあいだ高校の同窓会につけて出かけました。久々に顔をそろえた友人たちからも褒められ、ちょっぴり鼻高々でした。

生活のなかに、さり気ないお洒落を発揮する京子さんの素敵なセンスは、私もひそかに参考にさせてもらっているのですよ。

これからも、ますます円満な家庭を築いていってください。若い夫婦が幸せな生活を送ってくれることが、なによりの親孝行ですから。

❸では、体にはくれぐれも気をつけてお過ごしくださいね。

ポイント

息子(娘)夫婦に対するお礼状は、儀礼的な文章にしなくてもいいでしょう。プレゼントにこめられた思いやりを汲んで、具体的な感想を述べます。婿、嫁への感謝の言葉や幸せを祈る言葉も添えるようにしましょう。

◆言い換え例◆

❶贈り物へのお礼
◆今日は素敵な贈り物をありがとう。以前から、このようなブローチが欲しいと思っていたのですよ。

❷贈り物の感想
◆心づくしのブローチをいただき、どの服に合わせようかと、今からとてもわくわくしています。

❸相手を気遣う言葉
◆季節の変わり目ですので、体にはくれぐれも気をつけてください。

はがき

父の日のお礼

父
▼
息子夫婦

二人とも元気に過ごしている様子、なによりです。
❶父の日に思いがけぬプレゼントをありがとう。
大吟醸とは奮発しましたね。さっそく、
晩酌でいただきました。ふだんはあまり飲まない母さんも、
これならいけるようで、二人で芳醇な味わいを
楽しんでいるよ。
❷天候も不安定で体調を崩しやすい時期ですが、
二人とも身体を大切に。
近いうち、二人揃って遊びにきてください。
お待ちしています。では、お礼のみにて。

◆言い換え例◆

❶贈り物へのお礼
- このたびは、結構なものをありがとう。
- 父の日のプレゼント、ありがたくいただきました。
- 毎年、父の日の贈り物をありがとう。

❷相手への気遣いの言葉
- うっとうしい日が続きますが、どうか体にだけはくれぐれも気をつけてください。
- この年になると、健康に勝るものはないとつくづく思います。どうかお二人も、健やかな毎日をお過ごしください。
- 二人とも仕事で忙しいようですが、どうか元気にお過ごしください。

カード

母の日に贈るお礼

息子
▼
母親

普段、口に出して言いにくいけど、

❶いつも心配ばかりかけて、ごめんなさい。

つい反論してしまうこともあるけど、

おふくろのアドバイスを参考にして

頑張っています。

いろいろとありがとう。

❷おやじにもよろしく伝えてください。

ポイント

親しい間柄であるからこそ、面とむかって言いにくい感謝の言葉。メッセージカードなら、大げさになりすぎず、日ごろの感謝を伝えることができます。

◆言い換え例◆

❶自分の気持ち

◆こんな僕ですが、あまり心配しないでください。

◆なんとか元気にやっています。

◆この間は言いすぎたかなぁと、後になって反省しました。

◆心配のかけどおしで、申し訳なく思っています。

❷末文の挨拶

◆お盆にはそちらに帰ります。

◆体調には気をつけて。

◆おやじと二人で遊びにきてください。

カード

訪問のお礼

妻
▼
夫の両親

寒くなってきましたが、お元気ですか？
先日は、お招きいただき、
ありがとうございました。
❶お父様とお母様のお心遣いが身に沁みて
とても嬉しかったです。
またお会いするときを楽しみにしています。
❷お体にお気をつけてお過ごしください。

◆言い換え例◆

❶相手の心遣いへの感謝
◆お気遣いいただき、ありがとうございました。
◆温かいお心くばりに感謝しています。
◆いつもお心にかけてくださり、ありがとうございます。
◆温かいお言葉に、気持ちが軽くなりました。
◆いつも見守っていただき、ありがとうございます。
◆お父様とお母様のお気持ちが嬉しかったです。

❷相手を気遣う言葉
◆健康にはご留意ください。
◆お元気でお過ごしください。
◆お体を大切にお過ごしください。
◆ご自愛ください。

手紙

敬老の日のお礼①

母▼娘夫婦

落ち葉の季節となってまいりましたが、お元気ですか。私たちはお陰様で元気にしております。

手袋とマフラーをありがとう。❶身につけて暖かいのはもちろんですが、なによりも、私たちをいたわってくれるあなたたちの気持ちに心まで温かくなりました。この年になると、つい出不精になりがちですが、せっかくこんな素敵なプレゼントをもらったのですから、旅行にでも行こうかと思っています。

❷容子も武雄さんと力を合わせて、家事に育児にがんばってください。体にだけはくれぐれも気をつけて。

今度、家族そろってこちらにくるのを楽しみにしているわね。

取り急ぎお礼まで。

ポイント

敬老の日のお祝いは親しい間柄の相手からいただくことが多いので、率直な言葉で感謝の気持ちを伝えましょう。品物を受け取った場合は、気に入っているということを伝えましょう。また、人生の先輩として、相手への心遣いや思いやりを伝えるとよいでしょう。

◆言い換え例◆

❶贈り物への感想

◆前から欲しかったものなので、さっそく活用しています。

◆はじめは照れていたお父さんも、今では嬉しそうに毎日身につけています。

❷相手を気遣う言葉

◆あなたたちも夫婦仲よく元気に過ごしてください。

はがき

敬老の日のお礼②

祖父母▼孫

はるかちゃん、敬老の日の贈り物をどうもありがとう。
❶おしゃれな写真スタンドに、家族みんなの写真を飾りたいと思います。
本当にやさしくて、家族思いのはるかちゃんは、わたしたちにとっても自慢の孫です。
❷来年は中学生ですね。これからも、健康に気をつけて、元気にすごしてください。
そして、お正月にはまた笑顔を見せてくださいね。
お父さんとお母さんにも、よろしくね。

◆言い換え例◆

❶贈り物へのお礼
◆私たちのためにー生懸命選んでくれたのですね。その気持ちをとても嬉しく思っています。
◆敬老の日に孫からプレゼントがもらえる日がくるなんて、本当に夢のようです。

❷今後の抱負・交誼を願う言葉
◆いつでも遊びにきてくださいね。待っています。
◆あなたの成長を見守るのが本当に楽しみです。そのためには、元気に長生きしないといけませんね。
◆○○ちゃんに負けないように、私たちもこちらで元気にやっていこうと思います。

誕生日プレゼントへのお礼

手紙

女性 ▼ 親しい友人

毎年誕生日を忘れずにいてくれて、ありがとう。
❶ちょうど、こんなかわいい部屋履きが欲しいと思っていたところだったの。
履き心地もよくて、これからの季節重宝しそうです。

私もとうとう30歳ね。まだ焦っているつもりはぜんぜんないけれど、奈美子のお宅へ伺うたびに、こんな素敵な家庭が築けるのなら結婚もいいな、なんて思っています。

まだ相手も見つかっていないんだけどね。

こんな私ですけれど、これからもよろしくね。

旦那さまと過ごす時間のあい間を見つけて、たまには美味しいものでも食べにいきましょう。時間があるときには連絡くださいね。

それでは、今度会える日を楽しみにしています。

ポイント

プレゼントへのお礼状は相手との親しさによっても違ってきますが、まず相手の心遣いに感謝する気持ちを表すことは同じです。親しい友人には、話しかけるように書くと、素直な感謝の言葉が出てきます。あまり恐縮しすぎるのはかえって不自然になるので、気をつけましょう。

◆言い換え例◆

❶贈り物の感想
- 履き心地がよくて大変気に入りました。
- 届いたその日から毎日大活躍しています。
- ○○さんのセンスのよさには、いつも脱帽です。

手紙

クリスマスプレゼントへのお礼

妻（母親）▼夫の両親

❶今年も残すところわずかとなりました。
お父様、お母様にはお元気でお過ごしでしょうか。
❷さて、先日は甲一郎にクリスマスプレゼントをお贈りくださり、
ありがとうございました。
　大きなクマのぬいぐるみに最初はびっくりしていましたが、
「クマちゃん一緒にお散歩にいこう！」と、
いまではすっかり楽しそうに遊んでいます。いつもお気遣いを
頂きまして、夫婦ともども本当に感謝しております。
順一さんも、くれぐれもよろしくと申しておりました。
すっかりご無沙汰いたしておりますが、今年の正月は、一家そろって
新年のご挨拶にうかがいたく存じます。
❸お父様、お母様におかれましては、くれぐれもご自愛いただき、
よい新年をお迎えになりますようお祈り申し上げます。

◆言い換え例◆

❶前文の挨拶

◆寒さが一段と身にしみる季節となりました。

◆師走に入り、ますますご多忙のことと存じます。

❷贈り物へのお礼

◆○○のために、こんな素敵なクリスマスプレゼントをいただきましてありがとうございます。

◆○○の好きなものを覚えていてくださったのですね。○○も大変喜んでいます。

❸末文の挨拶

◆今年はお世話になりました。来年もどうぞよろしくお願い申し上げます。

◆来年も幸多き一年になりますよう、お祈りいたします。

はがき

お土産のお礼①

男女▼友人

自然豊かなカナダはいかがでしたか。
❶思いがけないお土産をいただきまして、ありがとうございます。
ご夫婦そろっての夏のご旅行、さぞや楽しまれたことでしょう。
吉竹様から頂戴した、雄大な自然の香りがするサケの燻製をいただいていたら、こちらまで旅行した気分になってきました。
❷こんどぜひ、詳しい旅行のお話をお聞かせください。近いうちにお目にかかれるといいですね。
まずは、お礼まで。

ポイント

旅行のお土産へのお礼状には、品物に対するお礼のほかに、旅の話題に触れるのもいいでしょう。その土地ならではの特産品であれば、普段は味わえないという感激を、素直な感謝の言葉にしましょう。

◆言い換え例◆

❶お土産へのお礼
- ○○ならではの大変珍しいものをありがとうございました。
- ○○の評判は聞いていましたが、目にするのははじめてで、とても感激です。

❷今後の交誼を願う言葉
- ご旅行のお話など、いろいろとお聞かせください。
- 私どもも、昨年○○を旅したときのことが懐かしく思い出されます。今度お互いの思い出話に花を咲かせましょう。

手紙

お土産のお礼②（代筆の場合）

妻 ▼ 夫の部下

この度は、見事な西瓜を頂戴いたしまして、
まことにありがとうございました。
夏の味覚といえば、やはり西瓜に勝るものはございません。
❶昨晩は、みずみずしいデザートに家族一同目を輝かせ、
十分に楽しませていただきました。
❷田中様のご実家で収穫されている西瓜とうかがいました。
実り豊かな、素晴らしい畑の景色が目に浮かぶようです。
ご両親様にも、くれぐれもよろしくお伝えください。
今後とも、柴田がなにかとお世話になるかと存じますが、
どうぞよろしくお願い申し上げます。
田中様のますますのご活躍を家族一同願っております。
まずは、お礼まで。
かしこ

◆言い換え例◆

❶本人に代わって喜びを伝える言葉
◆さすが旬の味覚には格別のものがあると、夫もしきりと感心しておりました。
◆あまりのおいしさに、夫などは二房をあっという間に平らげてしまうほどでした。

❷お土産の感想
◆いかにも新鮮でみずみずしい味わいであっという間に一房を食べ終えてしまいました。
◆さすがに本場の味は違うと感激しております。
◆今までの価値観がひっくりかえるほどのおいしさでびっくりいたしました。
◆こちらでは手に入らない珍しいものをありがとうございます。
◆懐かしい味に感激もひとしおです。

手紙

いただき物へのお礼①

男女
▼
親しい友人

❶先日は、見事な枝豆をありがとうございました。ご両親が家庭菜園を始めたとは伺っていましたが、こんな立派な枝豆は、近所のスーパーでもお目にかかったことがありません。

茹でていただき、その香りのよさに二度びっくりです。どうしたらこんなプロ顔負けの野菜が作れるのか、今度、ぜひ畑を見学させてください。おいしい枝豆のお伴に、よく冷えたビールを持ってうかがいますので。

ご両親様にもくれぐれもよろしくお伝えください。まずはお礼まで。

ポイント

いただき物や手作り品を分けていただくおすそ分けへのお礼は、大げさなお返しをするとかえって気を遣わせてしまいます。相手の好意を快く受け取る気持ちを伝えるのが一番でしょう。

◆言い換え例◆

❶いただき物へのお礼

◆いつもおいしい○○をありがとうございます。さっそく家族でいただきました。

◆思いがけずおいしい○○をいただきまして、ありがとうございます。家族一同大喜びです。

◆いつも○○さんには、いただいてばかりで恐縮です。次は、ぜひ我が家の○○もご賞味ください。

手紙

いただき物へのお礼②

女性
▼
友人

千恵美さん
先日は、手作りケーキをいただき、ありがとうございました。
❶美味しい上に見た目もきれいで、うちの子どもたちも「どこのお店のケーキ?」などと大喜びでした。
お洒落なのに家事もしっかりこなす、まさに千恵美さんらしい逸品ですね。

どうしたら、千恵美さんのようなお料理上手の素敵な奥さまになれるのか、今度秘訣を教えてください。

十分なおもてなしもできませんが、
❷遊びにきていただくのはいつでも大歓迎です。ぜひ旦那さまといらしてくださいね。

◆言い換え例◆

❶いただき物の感想
◆手作りでこんなにおいしいケーキが作れるなんて、今度作りかたを教えてくださいね。
◆私をはじめ、夫も子どもたちも甘いものには目がないので、皆で大喜びでした。

❷今後の交誼を願う言葉
◆私も○○さんにおいしいといってもらえる、おもてなし料理に挑戦してみたいと思います。それまで、楽しみに待っていてください。
◆○○さんに負けないほどの、とまではさすがにいきませんが、わが家の味も試してみてください。

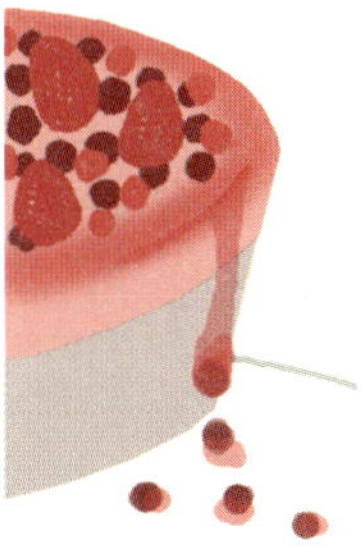

手紙

お餞別のお礼①

男性▼上司

拝啓　春陽の候、ますますご清栄のこととお慶び申し上げます。
❶このたびの転勤に際し心温まるお祝いをいただきましてありがとうございました。平素より私のほうがお世話になっておりますのに、このようなお気遣いまでいただき、恐縮している次第です。
❷新しい職場に移っても、部長に叩き込んでいただいた技術屋魂を忘れずによりいっそう力を発揮していきたいと思います。
今後とも、変わらぬご指導ご鞭撻のほど、よろしくお願い申し上げます。
こちらへご出張の折には、ぜひ拙宅へもお立ち寄りください。
まずは御礼かたがたご挨拶まで。
敬具

ポイント

餞別《せんべつ》は、転勤や引っ越し、留学など、遠く離れる人に贈るはなむけです。贈られたほうは、餞別に対するお礼のほか、今までお世話になったことに対する感謝の気持ちや、新天地に向けての抱負などを述べます。今後も変わらぬおつき合いもお願いしましょう。

◆言い換え例◆

❶餞別へのお礼

- お忙しいところ、わざわざ私のために送別会を開いてくださり、誠にありがとうございました。
- みんなと飲んで盛り上がり、いい思い出ができました。感謝の気持ちでいっぱいです。

❷今後の抱負

- 「さすが○○部長に鍛えられただけのことはある」と一目置かれるよう、精一杯の努力をしていくつもりです。

はがき

お餞別のお礼②

男女
▼
叔母

先日は、過分なお餞別をいただきまして、
ありがとうございました。
❶出発まで慌ただしく時が過ぎてしまい、
十分にお礼を申し上げることもできずに
申し訳ございません。
いまは、新しい職場についていくのが精いっぱいですが、
❷出発前に叔父さん叔母さんからいただいた
アドバイスを胸に、なにごとにも
前向きに取り組んでいます。
落ち着きましたら、また近況をご報告いたします。
季節の変わり目です。どうぞお体を大切になさってください。

◆言い換え例◆

❶すぐにお礼状が書けなかったおわび

◆引っ越しの慌ただしさにまぎれてお餞別のお礼を申し上げもせず、こちらに来てしまいました。申し訳ありません。

◆急なことで、これまでお世話になった○○様への挨拶もままならず、ご無礼をお許しください。

❷相手との思い出、感慨など

◆いつもながらお心遣いをいただいて、本当に感謝しています。

◆○○さんには、ずっと温かく見守っていただき、そのうえお餞別までいただいて感無量です。

◆○○さんには公私にわたり、大変お世話になりました。

贈り物へのお礼 Q&A

Q お礼状が遅れてしまったら?

A 贈り物を受け取ってからお礼状を出すまで一週間以上たってしまった場合は、遅れてしまったことをおわびしてきちんとお礼をするようにしましょう。先にお礼が遅れた旨をおわびしてから贈り物が届いたお礼を述べます。何か事情があった場合は、簡単にその理由を添えてもよいでしょう。

（挨拶が遅れたことをわびる文例）

- 心ならずもご挨拶が遅れ、おわび申し上げます。
- 挨拶が遅れましたこと、お許しください。
- 遅ればせながらお礼のみにて失礼いたします。

Q お中元・お歳暮だけの関係なので儀礼的な文面であっさり書いてもOK?

A 毎年お中元やお歳暮だけのやりとりをしている関係だと、つい文面も儀礼的であっさりとしがちです。しかし、そんな機会にこそ、自分の家族の近況報告や、相手の安否を気遣う気持ちを丁寧に伝えましょう。また、日ごろの無沙汰をおわびする言葉も伝えたいものです。

Q たくさんの人からお中元が届くので印刷物でお礼状を出してもいい?

A お中元や餞別などをたくさんの人からいただく場合もありますが、その場合でも、印刷物ではなく、なるべく自筆で書きましょう。なお、ビジネスの場合は、印刷した文書でも失礼にあたりませんので、状況に応じてつかいわけてください。

Q お礼状にはお返しの品をつけるべき?

A 贈り物をいただいたとき、こちらもお返しをしようと考えるのは自然な発想です。すぐにお返しの品を送るのは、逆に儀礼的すぎて味気ない印象を与えます。旬のものが手に入るなど、タイミングを見はからって送るのがよいでしょう。ただし、お中元やお歳暮など、すでに贈り物をしている場合は、お返しを送る必要はありません。

第3章

お祝いに関するお礼状

お祝いに関するお礼状のマナー

お祝いをいただいたら三日以内にはお礼状を出す

相手に感謝の気持ちを伝えるためにも、お礼状は、お祝いをいただいてから三日以内に出しましょう。現金などをいただいた場合は、無事に届いたことを知らせるためにも、早めに出したほうがよいでしょう。すぐにお礼状が出せない場合は、電話やＦＡＸ、メールで、簡潔なお礼とともに品物が届いたことを伝え、あらためて一週間以内にお礼状を出すようにしましょう。

いただいた物への感想つかいみちなどを伝える

お礼状には、ただ「ありがとうございました」と述べるばかりではなく、どう嬉しいのか、具体的な感想や、家族の反応などを書き添えると、相手にもより気持ちが伝わります。また代筆をする場合でも、できるだけ本人からの言葉を書くようにしましょう。現金などをいただいた場合は、つかいみちも伝えると、相手も喜ぶでしょう。

前文

謹啓　❶初夏の候、山田様ご夫妻におかれましては、ますますご清祥のこととお慶び申し上げます。

❷このたびは、山田様ご夫妻のおかげで、私どもも新しい生活に向かって出発することができました。また、お心のこもったお祝いを頂戴し、誠にありがとうございました。

❸フランスの名門シャトーから取り寄せたワインで、

構成

❶時候の挨拶と相手の健康を気遣う言葉
❷お世話になったこと、お祝いをいただいたことへの感謝の気持ち
❸いただいた物への具体的な感想、つかいみち
❹今後の抱負や挨拶に伺う旨を添える

❖手紙の基本文例❖ 夫婦 ▶ 仲人夫婦

主文

入手はなかなか困難と聞いております。
このような貴重なワインですから、新居に落ち着きました
最初の晩に、コルクを抜いて夫婦二人であらためて
祝杯をあげようということになりました。

末文

❹未熟な二人ではございますが、
山田様ご夫妻を見習い、いつまでも仲睦まじく
暮らしたいと思っておりますので、
今後ともよろしくご指導のほど、お願い申し上げます。
まずは書中をもって御礼申し上げます。　謹白

六月十二日　錦田幸男
　　　　　　　　綾

山田仁徳様
　　良子様

マナーポイント

お祝いの手紙には避けたい忌み言葉

●結婚
別れる／切れる／終わる／逃げる／割れる／返す／戻る／飽きる／重ねる／再び／離れる／冷える／くれぐれ／たびたび／ではまた

●出産
落ちる／流れる／消える／失う／詰まる／破れる／滅びる／早い／四(死)／九(苦)

●新築・開業・開店
しまる／倒れる／落ちる／傾く／つぶれる／失う／錆びる／閉じる／赤／紅

●入学・就職
終わる／崩れる／変わる／破れる／負ける／取り消し

●長寿
枯れる／痛む／弱る／散る／落ちる／病む／老いる／四(死)／九(苦)／根づく／曲がる

手紙

結婚祝いへのお礼①

夫婦
▼
共通の先輩

新緑の季節となりました。

田代先輩には、お変わりなくお過ごしのこととお慶び申し上げます。

このたびは、お忙しいなか、私たちの結婚式の二次会にご出席いただき、ありがとうございました。

心温まる、とても印象深いスピーチでした。
❶さらに、結構な御祝いまでお贈りいただき、ありがとうございました。二次会に出席してくださっただけでも感謝しておりますのに、大変恐縮しております。
❷イギリス製の高級な食器とのことですが、特別なときだけでなく、毎日の食事にも大切につかわせていただこうと喜んでおります。
まだまだ未熟な二人ですが、これまでと変わらぬおつき合いをよろしくお願いいたします。

ポイント

結婚式の二次会へ出席してくれたこと、さらにお祝いの品をくれたことに対して、お礼をそれぞれ述べましょう。あまり堅苦しく書く必要はありませんが、人生の先輩としてこれからもアドバイスをしてくれる存在なので、敬意を持って気持ちを伝えるとよいでしょう。

◆言い換え例◆

❶お祝いの品へのお礼
◆また、先輩らしいおしゃれなデザインの写真立てをお祝いとしてお贈りくださり、大変感謝しております。

❷お祝いの品への感想
◆豪華な食器に見劣りしないような料理を作らなくては、と思わず気合いが入ってしまいます。

はがき

結婚祝いへのお礼②

女性 ▼ 親しい友人

❶そろそろ涼しい秋風が待ち遠しくなる頃ね。
先日は、わざわざ結婚祝いを贈っていただきありがとう。

さすがは幸子、私の趣味がわかっているわね。

大好きなリバティプリントのテーブルクロス、ランチョンマットもついていて、ちょっとしたテーブルの演出に大活躍してくれそう。ありがとう。
❷落ち着いたら、是非我が家に遊びにきてね。
このテーブルクロスに料理を載せて待ってるね。

左記が新居の住所と電話番号です。十月一日入居予定です。
東京都八王子市○○2―1―3―707
TEL　0426―1―00―0000

ポイント

親しい友人なので、結婚後、互いの関係が変わってしまったかのような印象を与えないように、堅苦しい表現や敬語は避け、カジュアルな文章にしたほうが、気持ちが伝わります。いつまでも変わらぬつき合いを感じさせる、親しみのこもった表現がよいでしょう。

◆言い換え例◆

❶前文の挨拶

◆一緒に千鳥ヶ淵でお花見をしてから一年が経ちました。

❷新居へのお誘い

◆少し遠くなってしまったけど、連休には泊まりでぜひ遊びにきてね。

◆来月になったら新生活も少し落ち着くと思うから、我が家でゆっくりお茶でもしましょう。

はがき

結婚祝いへのお礼③

男性（経営者）
▼
取引先（経営者）

拝啓　向春の候、貴社いよいよご清栄のことと
お喜び申し上げます。
このたびは、娘 絵理花の結婚に際し、ご丁寧なお祝いを
頂戴いたしまして、誠にありがとうございました。
平素から格別のご厚情を賜っておりますうえに、
このようなお気遣いをいただき、恐縮しながらも
ありがたく存じます。❶娘もたいへん気に入り、
大切につかわせていただくと申しております。家内も
よろしくと申しておりました。
今後とも、末永いおつき合いをお願いいたしますとともに、
貴社のますますのご繁盛をお祈り申し上げております。
略儀ながら書中をもって御礼申し上げます。
敬具

ポイント

経営者同士が親しい場合、お互いの子どもの進学、成人、就職、結婚を機に、お祝いを贈り合うことがあります。お祝いに対するお礼とともに、贈られた本人の気持ちを代わりに述べるとよいでしょう。妻が代筆するときは、署名に「代」または「内」と小さく書き、名前を入れましょう。

◆言い換え例◆

❶本人、家族の感謝の言葉

◆娘も近々お目にかかれるときに、ご挨拶させていただきたいと申しております。

◆娘もとても喜んでおりました。あらためて、本人よりご挨拶申し上げたいと存じます。

結婚祝いへのお礼④

手紙

男性 ▼ 上司

拝啓　さわやかな風の季節となりましたが、
武田様にはますますご清栄のことと存じ上げます。
このたびは、私どもの結婚に際し、お心のこもった
お祝いの品をお贈りいただき、誠にありがとうございました。
❶いただいた壁掛時計には妻も大喜びで、早速新居のリビングに
飾りました。新婚生活のスタート時から毎日、時を刻んでいます。
結婚すると、今までの気楽な独身生活とは違い、
一段と時間の大切さが身に染みてわかってまいりました。
仕事と家庭の両方を大切にできるよう、一層仕事の効率を考え、
よりよい成果を上げていく所存であります。
❷これからもご指導ご鞭撻のほどお願い申し上げます。
武田様の一層のご健勝をお祈りいたします。

敬具

ポイント

お祝いをいただいたことに対するお礼に加え、結婚を機に、これから家庭を築いていく心意気や感謝の気持ちなどを述べるとよいでしょう。

◆言い換え例◆

❶お祝いの品への感想

- 社長の奥様のお見立てとのこと、我が家のリビングを引き立ててくれて、さすが日ごろインテリアを整えられている方のセンスは違うと、二人で感服しております。
- 頂戴しました夫婦茶碗と湯飲みのセットは、妻もたいへん気に入り、毎日つかっております。

❷今後の指導を願う

- これからも、今まで以上に叱咤激励のほどよろしくお願い申し上げます。

手紙

出産祝いへのお礼①

産休中の女性
▼
同僚

❶木々が芽吹く季節となりましたが、いかがお過ごしですか。
このたびの産休で、美由紀さんには仕事を代わってもらったりと、
たいへんお世話になりました。
その上、可愛らしいベビーリングまでいただき、
ありがとうございました。
美由紀さんにいただくまで、西洋では赤ちゃんにベビーリングを
贈る習慣があるなんて知りませんでした。
また、一月生まれである裕紀子の誕生石がガーネットであることも
初めて知りました。大きくなったら、これらのエピソードを
語りながら、いつまでも大切にさせます。
❷今度、是非裕紀子の顔を見に、遊びにいらしてください。

ポイント

職場の同僚へは、いただいたお祝いに対する具体的な感想とともに、産休・育休に入るにあたり仕事をカバーしてもらったことに対する感謝の気持ちを述べるとよいでしょう。相手に与えた負担も考えて、出産の喜びを伝えるのは控えめにしましょう。

◆言い換え例◆

❶相手を気遣う言葉

◆産休前はバタバタと引継ぎをしてしまいましたが、その後不都合はありませんでしたか？

◆お陰様で無事に出産を終えることができましたが、その後お仕事は順調でしょうか。

❷子どものことに触れる

◆繁忙期を過ぎましたら、一度赤ちゃんを連れてご挨拶に伺いたいと思います。

手紙

出産祝いへのお礼②

夫婦 ▼ 仲人夫婦

新緑のあざやかな季節となりました。
関口様ご夫妻には、その後もお健やかにお過ごしのことと存じます。
さて、このたびは私どもの長男 正太郎の出産に際しまして、
❶ご丁寧なお祝いをいただきまして、誠にありがとうございます。
❷子どものための記念品など、夫婦で相談して有効につかわせていただきます。
先日の病院での母子健診では母子ともに健康といわれました。
私どもも親になることができましたが、何事もはじめての経験で、とまどってばかりです。今後ともご指導のほど、よろしくお願い申し上げます。
❸なお、ささやかではありますが、内祝いのしるしを送らせていただきますので、どうぞお納めください。
末筆ながら、関口様ご夫妻のご健勝をお祈り申し上げます。

ポイント

仲人からいただいた出産祝いへのお礼状は夫婦連名で出します。親になった責任の重さや喜びを述べてもよいでしょう。内祝いに添える場合は、お礼状だけ先に送り、後日別便で内祝いの配達があることを伝えてもよいでしょう。

◆言い換え例◆

❶お祝いへのお礼
◆心づくしの品をいただき、誠にありがとうございます。

❷お祝いの品への感想
◆いただいたベビー布団がさぞかし気持ちいいのでしょう、満足そうにすやすやと眠っています。

❸内祝いの別送の案内
◆本日、ささやかな内祝いの品を別便にて送らせていただきました。どうぞご笑納ください。

はがき

出産祝いへのお礼③

親▼知人

秋晴れが続くさわやかな季節となりました。
木村様には健やかにお過ごしのご様子、何よりと存じます。
❶このたびは、孫 桃子の誕生に際して、思いがけないお祝いを頂戴し、大変うれしく存じます。娘夫婦もとても喜んで、お礼を申しておりました。
メリーゴーランドのスイッチを入れると、パッと赤ちゃんの顔が明るくなって、じっと見ているそうです。
❷私どもにとっては初孫で、目に入れても痛くないとはまさにこのこと。何時間見ていても飽きることがありません。
末筆になりましたが、木村様のご多幸をお祈り申し上げております。
まずは御礼まで。
敬具

ポイント

娘夫婦へいただいた出産祝いに対して、親がお礼状を書く場合は、娘夫婦の感謝の気持ちをつけ加えましょう。娘夫婦からのお礼状も、あまり間をおかずに出すようにしましょう。

◆言い換え例◆

❶お祝いへのお礼

◆このたびは孫の誕生に際しまして、お心のこもったお祝いを頂戴し、誠にありがとうございました。

❷孫の様子を伝える

◆お陰様で生育は順調で、よく泣き、とても元気に過ごしております。

◆母子ともに健やかに過ごしており、ときおり笑顔を見せては私たちを和ませてくれます。

はがき

出産祝いへのお礼④

夫婦▼親戚

皆様お変わりありませんか。
❶このたびは、私どもの息子 拓也の誕生に際し、可愛いお祝いをいただきまして、誠にありがとうございました。
ほかではあまり見かけない素敵なデザインのベビー服は、お出かけの時に着せると、なんだか誇らしい気分になります。
❷幸い順調に育っており、皆様が集まる今度のお正月には顔見せができるのでは、と思っております。
末筆ながら、皆様の一層のご健勝をお祈り申し上げます。

ポイント

出産祝いのお礼のはがきは、子どもの写真入りで出してもよいでしょう。写真専門店でプリントを頼むほか、パソコンで作成する方法もあります。直接写真を挟めるグリーティングカードも市販されているので、それを利用してもよいでしょう。

◆言い換え例◆

❶お祝いの品へのお礼
◆このたびは、私どもの息子○○の誕生に際しまして、貴重なアンティーク木馬をお譲りいただきまして、本当にありがとうございました。

❷子どものことに触れる
◆お陰様ですくすくと元気に育っており、今度顔を見せにお邪魔しようと思っております。

はがき

初節句のお祝いへのお礼①

妻▼夫の両親

陽光まぶしい頃となりましたが、その後、
お変わりございませんか。
❶このたびは、長男　龍太郎の初節句に際し、
立派な兜をお贈りいただき、本当にありがとうございました。
いただいた兜は早速和室に飾り、夫婦ともに眺めては
男の子が生まれた喜びをかみしめております。
昭雄さんも「僕のときより立派だなあ」と喜んでおります。
お時間が許しましたら、五月五日には是非
遊びにいらして下さい。

ポイント

男の子が生まれた家には、五月五日の初節句に夫の実家から、女の子が生まれた家には、三月三日の桃の初節句に妻の実家から、それぞれ人形などを贈る風習があります。孫の初節句を祝う両親へは、お祝いをいただいた喜びを素直に表現しましょう。

◆言い換え例◆

❶お祝いの品へのお礼

◆このたびの初節句では、○○のために見事な武者人形を頂戴しまして、誠にありがとうございました。

◆○○の初節句のために、見事なこいのぼりをありがとうございました。いつもながら、お二人の心遣いには、深く感謝いたしております。

手紙

初節句のお祝いへのお礼②

夫婦
▼
仲人夫婦

拝啓　ぽかぽかと暖かい日も多くなりましたが、
新井様ご夫婦にはお元気でお過ごしのことと思います。
❶このたびは、長女 弥生の初節句に際しまして、素晴らしい桃の花のフラワーアレンジメントをお贈りいただき、感激しております。
リビングに飾ると、ぱっと華やいで一気に春が訪れたようです。お陰様で、弥生は日に日に大きくなり、最近ではおしゃべりともつかないさまざまな声を発して楽しんでいるようです。

新井様ご夫妻のおかげで、こんな可愛い子をもつことができましたことを二人で感謝しております。

季節の変わり目、お体にお気をつけて健やかにお過ごし下さい。

敬具

◆言い換え例◆

❶お祝いの品へのお礼

◆このたびは、長女○○の初節句に際し、大変愛らしい日本人形をお贈りいただき、誠にありがとうございました。

◆本日、とてもきらびやかなお雛様が届きました。長女○○のために、このようなお気遣いをいただき、ありがとうございます。

◆娘○○の初節句をイメージして、奥様がお花を生けられたとのこと、なんとも見事で、嬉しく頂戴いたしました。

手紙

七五三のお祝いへのお礼①

夫婦▼親戚

紅葉が美しい季節となりましたが、皆様いかがお過ごしでしょうか。
先日は、長女 美奈の七五三のお祝いをいただきまして、
ありがとうございました。

さっそく髪飾りにつかわせていただきました。

❶早いもので、美奈も三歳になり、はじめてのお化粧と晴れ着に、
「お雛様になったみたい」とおおはしゃぎで喜んでおりました。
その時の写真を同封いたしますのでご覧ください。
夫も、美奈のはじめての晴れの日を喜びながら、
くれぐれもよろしくと、お礼を申しておりました。
寒い日が続きますので、
皆様お体に気をつけてお過ごしください。

ポイント

現金などをいただいた場合は、その用途を報告すると、贈ったほうも喜ぶものです。また、晴れ着姿で撮った写真をお礼状に添えるとよいでしょう。ただし、祖父母以外の親戚には、写真館で撮ったような写真は大げさ過ぎるので控えるのが無難です。

◆言い換え例◆

❶子どもの様子を伝える

◆三歳の時以来、着物を着るのは今回が二回目。前回とは違い、少しは心得もできたのか、お参り当日は始終おすましさんでした。

◆○○の希望で、ドレスを着てのお参りでした。会場では洋装の子は○○一人だけでしたが、本人は気にするどころかプリンセス気分なのでしょうか、得意がっているように見受けられました。

手紙
七五三のお祝いへのお礼②
妻 ▼ 夫の両親

先日は、遠いところ息子 修司の七五三のお祝いにお出でくださり、ありがとうございました。

その上に、お祝いまでいただきまして恐縮いたしております。
❶七五三では、衣装代などいろいろかかってしまいましたので、大変助かりました。忠彦さんも「このごろの修司の目はお父さんにそっくりだなあ」などと喜びながらお礼を申しております。
❷なにぶんやんちゃ盛りの修司ですので、お父様お母様はお疲れになりませんでしたか？
また遠い道のりを帰られたので、体調でも崩されはしなかったかと心配しております。どうぞご自愛くださいませ。

写真ができあがりましたら、いち早く送らせていただきますね。

ポイント
七五三のお祝いを贈ってくれただけでなく、お祝いにきてくれた両親へのお礼状です。いただいたお祝いに対して内祝いを送るのではなく、場合によっては、お礼状や写真を送るだけでもよいでしょう。

◆言い換え例◆

❶お祝いの用途を報告
◆夫婦でよく相談して有効につかわせていただきます。
◆○○のためになにか記念になるものをと考えております。決まりましたら、またご報告いたします。

❷子どもの様子・相手を気遣う言葉
◆○○は久し振りにおじいちゃんおばあちゃんに会えてとても喜んでいましたが、いろいろわがままを言って困らせてばかりいたのではありませんか？

入園祝いへのお礼

手紙

母親▶知人

春たけなわの季節となりました。
このたびは、健介の入園祝いに文具券を
ありがとうございました。本人の
「スケッチブックと色鉛筆でお絵かきがしたい」との希望通り、
買い求めさせていただきました。❶毎日のように、
動物や乗り物の絵を一生懸命描いております。夫からも
くれぐれもよろしくと申しておりました。
入園式を間近にひかえ、本人だけでなく私たち夫婦も
期待で胸がいっぱいでございます。なにぶん初めての幼稚園生活です。
今後ともよろしくご指導のほど、お願い申し上げます。
また、ご主人さまにもよろしくお伝えくださいね。
季節の変わり目です。お二人ともどうぞご自愛くださいませ。
まずはお礼まで。

ポイント

入園祝いのお礼状は、いただいた本人がまだ幼少なので保護者が代わって出すのが一般的です。品物をいただいた場合には、本人がどれほど喜んでいるかを伝えるとよいでしょう。

◆言い換え例◆

❶子どもの様子を伝える

◆生まれたばかりの頃は病気がちで、心配しておりましたが、早いものでもう幼稚園。本人も、いまは新しい環境に期待と不安でいっぱいのようです。

◆毎日がとにかく新鮮のようで、○○もとても楽しそうにしております。

はがき

入学祝いへのお礼

母親 ▼ 夫の両親

❶美里への入学のお祝いをありがとうございました。
おかげ様で無事、小学校に入学することができました。
❷新しいお友達もでき、元気にランドセルを背負って
学校へ通っています。入学式の時に撮影した写真を
同封しましたので、晴れ姿をご覧ください。
初めての夏休みには、美里を連れて伺う予定です。
おじいちゃん、おばあちゃんに学校の話をするのを美里も
とても楽しみにしておりますので、
ぜひ聞いてやってください。
良介さんも、くれぐれもよろしくと申しておりました。
まずは取り急ぎ、お礼まで。

ポイント

小学校や中学校などの入学祝いに対するお礼状も、保護者が代わって書くのが一般的。書きかたは入園の際（P.80参照）とほぼ同じですが、本人の直筆の言葉も添えるとよいでしょう。親戚など親しい間柄に対しては、形式にとらわれず、親しみをこめた内容がよいでしょう。

◆言い換え例◆

❶入学祝いへのお礼

◆このたびは入学祝いをありがとうございました。

◆先日は、○○に入学祝いをいただきまして、ありがとうございました。

❷子どもの様子を伝える

◆最近は、○○に興味を持ち始めたようですので、いただいたお祝いで○○を買わせていただきました。本人も、喜んで毎日眺めています。

手紙

卒業祝いへのお礼

男性
▼
目上の知人

このたびは、卒業祝いをありがとうございました。
さっそく本状を、いただいた万年筆で書いています。
ボールペンや鉛筆とは違う書き味にまだとまどっていますが、
少し大人になった気持ちで、大切につかわせていただきます。
❶いろいろとご心配をおかけしましたが、あたたかい励ましに支えられ、
なんとか学業と部活を両立させて無事に卒業することができました。
希望していた職場にも就職することができ、まずはひと安心です。
社会人になっても、将来の進路に向けて、
努力していきたいと考えています。
これからも、どうぞよろしくお願いいたします。

ポイント

卒業祝いは年齢によって、本人が書く場合と保護者が代わって書く場合があります。本人が書く場合は、あまり堅苦しい表現は不自然なので、年齢にふさわしい文面になるように書きましょう。新しい生活への抱負や意気込みを素直な気持ちで書くとよいでしょう。

◆言い換え例◆

❶在学中の思い出や今後の抱負

◆在学中に、学校生活や進路についてなにかとご相談に乗っていただいたこと、たいへんありがたく思っています。

◆思えば、あっという間の四年間でしたが、充実した時間を過ごすことができました。いろいろなご助言をいただきまして、ありがとうございました。

お祝いの種類とお返し

お祝いをいただいたら、お礼状とともにお返しを贈る、またはお礼状だけ先に送り、後からお返しを贈るというのが一般的です。

しかし、状況によってはお返しが不要な場合もあります。たとえば、入園・入学、初節句、七五三、就職など、子どもの成長に伴うお祝いでは、写真を添えた心のこもったお礼状や、子どもからの直筆や一言があるだけでも、相手に十分気持ちを伝えられるでしょう。

お返しは、相手との関係性や周囲とのかね合い、慣例に従って贈るとよいでしょう。

お祝いの種類	のし表書き	お返しの時期とポイント
結婚祝い	寿・内祝（下に両家の名字を書く）	結婚式、披露宴に出席しなかった人へは、挙式後一カ月以内に。
出産祝い	出産内祝（下に子どもの名前を書く）	生後一カ月くらいまでに。
銀婚式・金婚式祝い	内祝	家族からのお祝いには基本的に不要。お返しを贈る場合は、一週間以内に。
長寿祝い	内祝	家族からのお祝いには基本的に不要。お返しを贈る場合は、できるだけ早めに。
受賞・入選祝い	内祝	受賞後、一カ月以内に。
新築祝い	内祝	新築披露に招待しなかった人に対しては、新築後一～二カ月の間に贈る。
開店・開業祝い	開店記念・開業記念	開店・開業当日に、記念品などを贈る。
栄転・昇進祝い	御礼	基本的には不要だが、栄転地の名産などを贈ってもよい。
初節句	内祝	基本的に不要。心のこもったお礼状に写真などを添えるとよい。
七五三	内祝	
入園・入学祝い	入園内祝・入学内祝・進学内祝	
就職祝い	御礼・粗品	

手紙

成人祝いへのお礼①

男性 ▼ 知人

厳しい寒さが続きますが、お元気でお過ごしでしょうか。

このたびは、私の成人に際し、温かいお言葉とお心づかいをいただき、ほんとうにありがとうございました。これから社会に出る準備のために、大切につかわせていただきたいと存じます。

❶皆様のご期待に添うべく、大人として恥ずかしくない行動を心がける決意を新たにしております。しかしながら、まだまだ若輩ものです。今後とも社会人の先輩として、厳しく叱咤激励してくださいますようお願い申し上げます。

これからも寒い日が続きますので、ご家族様ともにお体にお気をつけてお過ごしください。

略儀ながら、書中をもちましてお礼申し上げます。

ポイント

成人式を迎え、社会人、大人の一員としての自覚や意気込みを示した内容がよいでしょう。社会に出るにあたっての抱負や希望を、謙虚な姿勢で、形式にのっとった礼儀正しい文章でまとめます。

◆言い換え例◆

❶今後の抱負

◆これからは、大人としての自覚と責任をもって行動していかなくてはと思うと、身の引き締まる思いです。

◆○○様にいただいたアドバイスをしっかり心に刻み、気を引き締めてまいる所存でございます。

◆これまでのような甘えは許されないと肝に銘じ、精進してまいります。

はがき

成人祝いへのお礼②

女性
▼
祖父母

まだまだ寒い日が続きますが、
おじいちゃんもおばあちゃんもお元気ですか？
先日は成人のお祝いをいただきまして、ありがとうございました。
❶成人したといっても、いつもお二人に甘えていた私には、
まだ実感がわかないのが正直なところです。
こんな相変わらずの私ですが、❷立派な社会人になれるよう
努力する気持ちは強く持っていますので、
今後ともよろしくお願いいたします。
毎日ほんとうに寒いですが、どうか風邪などひかぬよう、
くれぐれもお気をつけくださいね。ありがとうございました。

◆言い換え例◆

❶成人するにあたっての感慨

◆成人式を迎えて、大人の仲間入りをした嬉しさと、子ども時代が終わる寂しさとで、複雑な思いです。

◆経済的にも精神的にもまだまだ甘えてばかりの自分ですが、これから少しずつ、お二人にもご恩返しができるように頑張りたいと思います。

❷今後の指導を願う言葉

◆今度お目にかかったときは、社会人としての心得などを教えてください。

◆これからもいろいろとご相談させてください。

◆これからも厳しく、そして温かい目で見守ってください。よろしくお願いいたします。

手紙

就職祝いへのお礼①

男女 ▼ 叔父

拝啓　新緑の候、ますますご盛栄のこととお喜び申しあげます。

このたびは私の就職に際して、お心のこもったお手紙とお祝いをいただき、本当にありがとうございました。

お手紙に書いてありました叔父さんのお話、社会人の先輩としての言葉にとても重みを感じました。
❶今後は、いただいたご助言を肝に銘じながら、一人前の社会人になれるよう努力していきたいと思っております。
このたびの就職では、父と母もなんとか安心させることができました。
❷叔父さんにはくれぐれもよろしくお礼を申し上げるよう、両親からもことづかっております。あらためて、ありがとうございました。
皆様にもよろしくお伝えください。

簡単ですが、お礼まで。

敬具

ポイント

就職にあたって進路の相談に乗ってもらった人には、お祝いへのお礼だけでなく、いろいろお世話になったことに対する感謝の気持ちも伝えましょう。目上の人へはあらたまったものに、年齢の近い先輩などには親しみをこめた文面でもよいでしょう。

◆言い換え例◆

❶助言への感想・感謝
◆叔父さんからいただいたアドバイス、これからの社会人生活に役立てたいと思います。
◆自分の目指す企業に入れましたのも、○○様のアドバイスがあったからこそと感謝しております。

❷家族からの伝言
◆両親からもよろしくとのことです。
◆お礼をお伝えするようにと、父が申しております。

はがき

就職祝いへのお礼②

男性
▼
学生時代の先輩

中島先輩
❶このたびは私の就職に際して、お祝いと励ましのお言葉を
ありがとうございました。
ネクタイの柄ひとつとっても、社会人の装いは
状況に合わせて変える必要があることを、
先輩のお手紙を拝読して初めて知りました。
先輩のいろいろなアドバイスのおかげで、
第一志望の会社に就職することができ、
心から感謝しております。
❷今後とも変わらぬご指導をお願い申し上げます。
簡単ですが、お礼まで。

◆言い換え例◆

❶就職祝いへのお礼

◆就職のお祝いと、励ましのお言葉をありがとうございました。さっそく名刺入れを買い、身が引き締まる思いです。

◆お祝いの品、どうもありがとうございました。りっぱな万年筆は前から欲しかったもので、さっそく、初出勤の日に持っていきました。

❷今後の交誼を願う言葉

◆これからもなにかとお世話になるかと思いますが、よろしくお願いいたします。

◆今後ともご指導ご支援のほどよろしくお願い申し上げます。

手紙

長寿祝いへのお礼①

母親
▼
息子の嫁

朝夕は肌寒く感じられるようになりましたが、
皆さんお元気でしょうか。❶私はお陰様で元気にしております。
この度は、喜寿祝いに素敵なプレゼントをありがとうございました。
早速、頂戴したカーディガンを着て俳句の会に出かけました。
この季節に丁度よく、色も綺麗で気に入り、皆さんにも誉められました。
❷いつも京子さんの温かいお心遣いには、夫婦ともども感謝しています。
家事に育児に大変でしょうが、お体にはくれぐれもお気をつけください。
今度、家族そろっていらっしゃるのを楽しみにしていますね。
それでは、取り急ぎお礼まで。
敬具

ポイント

長寿祝いへのお礼状は、本人が出す場合と、身内が本人に代わって出す場合があります。いずれの場合でも、本人の喜びや、最近の様子を伝えるのがよいでしょう。相手が代筆者と面識がない場合には、ある程度形式にのっとった文面にするほうがよいでしょう。

◆言い換え例◆

❶近況を伝える言葉
- 平素、皆様に心強い励ましの言葉をいただいているおかげで、健やかな毎日を過ごしております。
- すっかりご無沙汰いたしておりますが、健やかに、つつがなく暮らしております。

❷相手への感謝
- いつも心にかけていただき、本当に感謝しております。
- 温かい励ましの言葉に、いつも元気づけられています。

手紙

長寿祝いへのお礼②（代筆の場合）

娘 ▼ 親の知人

春光うららかな好季節となりました。

皆様におかれましてはご健勝のこととお慶び申し上げます。

このたび、父 義介の卆寿にあたりましては、ご丁重なご祝辞に加え、結構なお品まで頂戴いたしまして、父に代わり厚くお礼申しあげます。
❶お陰様で、父はまだ介護の必要もありませんが、何分高齢にて外出の機会は少なくなりました。それだけに青木様からいただいたお手紙を拝読して、大変に元気づけられた様子です。近くへお越しの節は、ぜひお立ち寄りください。
父の手が不如意のため、代筆にて失礼いたしました。

略儀ではございますが、書中にてお礼申し上げます。

◆言い換え例◆

❶本人の様子を伝える言葉

◆父は、○○様からいただいた手紙を熱心に読み、何度もうなずいておりました。

◆耳こそ遠くなりましたが、お陰様で食欲は申し分なく、○○様からいただいた好物の饅頭も大喜びで平らげました。

◆お陰様で、父は血圧が少し高いくらいで、まだしっかりしておりますのでご安心ください。とはいいましても高齢になりましたので、私たち家族も父が健やかに過ごせるよう支えていきたいと考えております。

銀婚式祝いへのお礼

手紙

男性 ▼ 知人

先日は、銀婚式のお祝いを本当にありがとうございました。
いただいた銀製のお花は、さっそくテーブルに飾らせていただきました。
バラの花が大好きな妻も感激いたしております。
❶思えば、妻と共に過ごして二十五年に及ぶ年月が経つわけですが、
あっと言う間のことだったように感じられます。
さまざまな壁にぶつかりながらも二人で歩んでまいりましたが、
今ではどれもこれもがよき思い出です。
皆様の温かいお心遣いを励みとして、これからも精いっぱい
生きてまいりたいと存じます。
今後とも、どうぞ変わらぬおつき合いをお願いいたします。
本当にありがとうございました。

ポイント

長い結婚生活を振り返って、その思いを感謝の言葉とともに伝えましょう。乗り越えてきた夫婦間のトラブルについての明確な表現は避け、これから夫婦でどのように過ごしていくのかなど、前向きな言葉でまとめるとよいでしょう。

◆言い換え例◆

❶ともに歩んできた歳月への感慨

◆銀婚式という節目に、家族や家庭のありがたさをあらためて実感いたしました。

◆こうして結婚二十五年目を迎えることができましたのも、友人や家族など、多くの方々の支えがあってのことと、ただただ感謝の一念でございます。

◆結婚して二十五年目を迎えるだなんて、月日の経つのは本当に早いものです。

手紙

金婚式祝いへのお礼

親
▼
息子夫婦

風の中にも秋の気配を感じるようになりましたが、元気で過ごしていることと思います。

❶先日は、私たちの金婚式に思いがけぬ贈り物をありがとう。温かいメッセージまで添えてあり、夫婦でうれしく頂戴しました。いただいた旅行券は、大切につかわせていただきます。久しぶりの旅行を、夫婦で楽しんできます。

二人の深い思いやりにあらためて感謝の気持ちでいっぱいです。真理子さんにも、くれぐれもよろしく伝えてください。

❷二人で支え合いながら、どうかこれからも仲良く過ごしてください。私たちには、あなたたち家族の笑顔を見るのがなにより元気のもとです。

健康にだけはくれぐれも気をつけてください。

みんなの幸せを心から願っています。

◆言い換え例◆

❶お祝いへのお礼

◆先日は私たち夫婦のために金婚式の祝宴を開いていただき、本当にありがとう。いただいたお祝いの品が見事な金箔の器なので、つかうのがもったいないほどです。末永く大切にしますね。

◆金婚式のお祝いを先ほどいただきました。夫婦ともども素晴らしい子どもたちに恵まれた幸せを、感謝しています。

❷相手を気遣う言葉

◆お二人も、どうかいつまでも仲睦まじい夫婦でいてください。

◆この歳になると、つくづく健康のありがたさが身にしみてきます。あなたがたも、お互いをいたわり合いながら、健やかにこれからの人生を歩んでください。

手紙

栄転・昇進祝いへのお礼①

男女 ▼ 目上の知人

陽だまりの恋しい季節となりました。

山口様には、その後お変わりございませんでしょうか。

❶さて、このたびの転任に際しましてはいろいろとご助言をいただき、そのうえお祝いまで頂戴しまして、感謝しております。十一月一日、無事に着任いたしまして、さっそく新任務にあたっています。

かねてより希望しておりました部署での勤務ですので、大いにやりがいを感じます。一日も早く戦力となれるよう精いっぱい頑張っているところです。

こちらにおいでになる機会がございましたら、ぜひお寄りください。落ち着いたらまたお便りいたします。

本当にありがとうございました。

ポイント

お祝いを述べる側からすれば「栄転」「昇進」ですが、お礼を述べる側は、「転任」と客観的な表現を用いるのが一般的です。自慢話は慎み、周りを立てる謙虚な気持ちで今後の抱負を述べましょう。最後に、相手への変わらぬおつき合いを願う言葉で文面を締めくくるとよいでしょう。

◆言い換え例◆

❶栄転祝いへのお礼

◆先日は転任に際して温かい励ましのお言葉をいただき、誠にありがとうございました。大変ありがたく、身が引き締まる思いがいたしました。

◆このたびの転任に際しては、お心のこもったお祝いを頂戴し、厚くお礼申し上げます。○○様から温かい励ましのお言葉をいただけるとは、本当に嬉しく存じました。

栄転・昇進祝いへのお礼②

手紙

妻 ▼ 夫の会社の同僚

季節の変わり目の不安定な天候が続いておりますが、若尾様ご夫妻にはその後もお元気でお過ごしですか。

このたびは、夫の東京本社への転任に際しまして、温かい励ましのお言葉とお祝いをいただき、本当にありがとうございました。
❶若尾様をはじめ金沢支社の皆様には、在職中はたいへんよくしていただき、人のご縁の大切さをあらためて痛感いたしました。夫ともども、深くお礼申し上げます。
くれぐれもよろしくお伝えするように夫からも言われております。
❷こちらにいらっしゃる機会がございましたら、ぜひお立ち寄りください。
末筆ながら、奥様にもどうぞよろしくお伝えくださいませ。
若尾様のいっそうのご健勝を祈り、まずは書中にてお礼申し上げます。

◆言い換え例◆

❶これまでの交誼への感謝

◆こちらでは、○○様のご厚意に家族ぐるみですっかり甘えさせていただきました。本当に楽しい思い出の数々をありがとうございました。

◆○○さんには公私にわたり大変お世話になりました。夫になりかわりましてお礼申し上げます。

◆在勤中はなにかとお世話になり、本当にありがとうございました。

❷今後の交誼を願う言葉

◆今後とも、どうぞ変わらぬご指導のほど、よろしくお願い申し上げます。

◆遠く離れてしまいましたが、これからも変わらぬおつき合いをよろしくお願い致します。

ビジネス Business

はがき

栄転・昇進祝いへのお礼③

会社員 ▼ 取引先（会社宛）

拝啓　晩春の候、貴社ますますご清祥のことと
お慶び申し上げます。
さて、このたびの転任に際しましては、
ご丁寧な祝賀状とすばらしいお祝いの品を賜り、
まことにありがとうございました。
お陰様で四月一日をもちまして、無事着任いたしました。
❶新任地では、統括本部長として、職責に全力を尽くす
所存でございます。
今後とも、変わらぬご指導ご鞭撻を賜りますよう
よろしくお願い申し上げます。
まずは略儀ながら書中をもちまして、ご挨拶かたがた
御礼申し上げます。
敬具

ポイント

新しい職場や役職に対する意気込みとともに、前任地や前の職場でお世話になった人へのお礼の言葉も、忘れずに述べましょう。取引先にあてたものなので、形式にのっとって書いたほうがよいでしょう。

◆言い換え例◆

❶新任地に向けての抱負

◆新任地においても皆様のご期待に沿うべく、誠心誠意をもって仕事に従事したいと存じます。

◆この上は、○○長としての職務に全力で励むつもりでおります。

◆このような大役を仰せつかり、その責任の重大さを痛感している次第です。このうえは、○○をこれまで以上に発展すべく、精励いたす所存でございます。

ビジネス Business

はがき

栄転・昇進祝いへのお礼④

会社員 ▼ 取引先(個人宛)

拝啓　陽春の候、田島様にはご健勝のこととお慶び申し上げます。
さて、このたびは東京本社への転任にあたり、過分なるご祝詞を頂戴したうえ、大変結構なお品までお贈りくださいまして、誠にありがとうございました。
❶青森支社在任中は、田島様には大変お世話になりました。
❷これからも、出張などで御地を訪れる機会もあるかと存じますので、今後とも変わらぬご厚誼のほどをよろしく願い申し上げます。
まずは略儀ながら書中にて御礼を申し上げます。
敬具

◇言い換え例◇

❶これまでの交誼への感謝
◆○○在職中は、格別のご高配を賜りあらためて御礼申し上げます。
◆在任中はひとかたならぬご温情を賜りましたこと、この場をお借りしまして深く御礼申し上げます。

❷今後の交誼を願う言葉
◆こちらへご出張の際には、ぜひ弊社へもお立ち寄りください。心より歓迎申し上げます。
◆なにぶん未熟者ゆえ、皆様がたのご支援におすがりすることも多々あろうかと存じます。今後ともなにとぞご指導ご鞭撻のほど、よろしくお願い申し上げます。
◆今後とも、相変わらぬお引き立てを賜りますようよろしくお願い申し上げます。

手紙

退職祝いへのお礼①

男性 ▼ 同僚

拝啓　解氷の候　ますますご清祥のこととお慶び申しあげます。

さて、このたびは退職にあたりご芳志を頂戴いたしまして、誠にありがとうございました。

在職中は大変お世話になりました。入社以来四十年にわたり、無事に勤務することができましたのも、ひとえに皆様のご指導お引き立てのおかげと心より感謝いたしております。
❶今後は、趣味の俳句に本腰をいれて取り組んだり、妻とのんびり旅に出たりしてみたいと考えております。
❷どうかこれからも変わらぬお付き合いのほど、よろしくお願いいたします。
末筆ではございますが、皆様のご健勝とご多幸を心よりお祈り申し上げます。

敬具

ポイント

長年お世話になった職場や同僚への感謝の言葉を述べます。退職した日時や職歴、在勤中のエピソード、また新生活への抱負もあわせて書きましょう。感慨深い思いについ文章が長くなりがちですが、できるだけ簡潔にまとめるとよいでしょう。

◆言い換え例◆

❶退職後の抱負

◆今後は、これまでお世話になった方々へのご恩返しの気持ちをこめて、ボランティア活動に携わってまいりたいと考えております。

◆これからは、妻とヨーロッパ旅行ができるよう、とりあえずは英語の勉強を始めてみようかと思っています。

❷今後の交誼を願う言葉

◆今後とも末永くおつき合いくださいますようお願い申し上げます。

手紙

退職祝いへのお礼②

男女
▼
取引先

謹啓　春寒ようやくぬるみ、本格的な春の到来を迎えました。
皆様にはますますご壮健にてご活躍のこととお喜び申し上げます。
　このたび、三月十五日をもちまして株式会社平成産業を
定年退職いたしました。これまで長きにわたり、
皆様にはご助力ご指導賜りまして心から御礼申し上げます。
❶四十年の月日も思い返せばあっという間の出来事でした。
今後は少しのんびりと過ごしていきたいと考えております。
皆様には、今後とも変わらぬご交誼を賜りますよう
よろしくお願い申し上げます。
　末筆になりますが、皆様のご多幸をお祈り申し上げ、
略儀ながら書中を持ってご挨拶申し上げます。
敬具

◆言い換え例◆

❶在職中の思い出、感慨の言葉

◆在職中は、少しでも多くの方に安全かつおいしい食品をご提供させていただこうと、日夜仕入れ先の開拓に努めてまいりました。夜を徹して仕事に励んだのも、今となってはよき思い出の一ページです。

◆どんなときにも思い出されるのは、お世話になったすべての皆様の温かなご厚情でございます。

◆顧みますと、在職中至らぬ私ではございましたが、多くの方々から公私ともに心温まるご指導をいただいたのが、なによりの財産です。

手紙

新築祝いへのお礼

夫婦
▼
知人

日ごとに春めいてまいりましたが、
ご家族の皆様にはお変わりありませんでしょうか。
このたびは、ご丁寧に新築祝いをいただきまして、
まことにありがとうございました。さっそく季節のお花を生けて
窓辺に飾らせていただきました。❶お陰様で部屋の中が
パッと華やいだ雰囲気になり、とても和んでいます。
引っ越した当初は不安もありましたが、幸い近隣の皆様も
よい方たちばかりで、伝統の息づいたこの街に、
なんとか腰を落ち着けることができそうです。
新築と申しましてもささやかな住まいですが、
裏山には四季折々の草花が咲き、小鳥がさえずるのどかな場所です。
❷こちらにお立ち寄りの際には、ぜひ拙宅にもお越しください。
まずは書中にてお礼申し上げます。

ポイント

いただいた品物やお祝いの用途、新居の様子、周りの環境や住み心地などをお礼の言葉とともに述べるとよいでしょう。あらたまったお礼状の場合は、自宅の呼び方を「拙宅」「小宅」とするのが一般的です。

◆言い換え例◆

❶お祝いの品への感想

◆いただいたお花は、さっそく床の間に飾らせていただきました。家の中に緑があると、それだけで心が安らぎます。

❷新居へのお誘い

◆お陰様で、家の中もほぼ片づきました。いつでもお越しください。

◆お花見がてら、一度遊びにいらしてください。

◆○○様のお宅からは車で三十分ほどのところです。お気軽にお立ち寄りください。

はがき

移転祝いへのお礼

会社代表
▼
取引先

Business《ビジネス》（印刷する場合）

拝啓　時下ますますご清祥のこととお喜び申し上げます。

さて、このたびは、弊社の新社屋落成記念式典にご来臨いただき、ご厚情あふれるご祝詞と力強い励ましのお言葉を賜り、まことにありがとうございました。

お陰様をもちまして、❶四月一日より新社屋での業務もいよいよ開始となります。❷心機一転、全社員一丸となって、皆様のご支援にお応えするべく社業の発展に力を尽くす所存でございます。

今後とも一層のご支援、ご鞭撻を賜りますようお願いいたします。

まずは、略儀ながら書中をもちまして御礼申し上げます。

敬具

ポイント

取引先や顧客に向けた、移転祝いへのお礼状では、お礼のほかに、新社屋の開設や移転に伴う業務開始日などの事務的な内容、今後の決意を述べましょう。今後の支援をお願いする言葉で、文章を締めくくるとよいでしょう。

◆言い換え例◆

❶移転の通知と挨拶
- ◆従来の○○地区では顧客の皆様、取引先各位に何かとご不便をおかけしてまいりましたが、新社屋の完成により、さらなるご便宜を図れるものと自負いたしております。

❷今後の抱負
- ◆従業員一同、新たな決意で皆様の信頼にお応えできるよう努力する所存でございます。
- ◆社員一同、一層気を引き締めて社業に邁進いたす心づもりでございます。

手紙

開業・開店祝いへのお礼①

開業者
▼
支援者

拝啓　青葉の候、野村様におかれましては、ますますご健勝のことお慶び申し上げます。

さて、このたびはカフェ・リヴィエラの開店に際し❶お祝いのお花をいただきありがとうございました。いつもながら、恐縮しております。

❷お陰様で、なんとか六月一日の開店予定に間に合いました。いままでとは勝手が違い、戸惑うことばかりですが、そのぶんやりがいを感じ、情熱を注いでおります。

このご時世に独立とは、私自身不安でいっぱいですが、皆様の励ましもあり、夢に向かって踏み出した次第です。

まだまだ至らぬところはあろうかと思いますので、どうかこれからも折にふれご指導賜りますよう、お願いいたします。

まずは、書中をもちまして御礼申し上げます。

敬具

ポイント

開業・開店祝いへのお礼状では、開業や開店の日時、業務の内容や営業時間などの情報をあわせて知らせるのもよいでしょう。会社やお店を代表してのお礼状ですから、親しい相手にも形式を重視して書きましょう。

◆言い換え例◆

❶お祝いへのお礼

◆力強い励ましのご祝詞を賜り、スタッフ一同おおいに感激しております。

◆ご多用中にもかかわらず小宴にご臨席を賜り、心より御礼申し上げます。

❷近況を伝える言葉

◆お陰様で順調なスタートを切ることができました。

◆いまだ手探り状態ですが、従業員一丸となって、なんとか軌道に乗せようと頑張っているところです。

Business《ビジネス》（印刷する場合）

謹啓　早春の候、貴社ますますご隆昌のことと

お慶び申し上げます。

　さて、この度は弊社設立に際し、

❶ご丁寧なご祝詞ならびに結構な品を賜りまして、

誠にありがとうございました。

お陰様で、平成20年3月1日に無事業務を

スタートさせることができました。

これもひとえに皆様のご支援、ご協力のおかげと、

心からの御礼を申し上げます。

　この上は、皆様のご期待と励ましに応えるべく、

社員一同さらなる精進をする所存でございます。

❷なにとぞ、これまで以上のご指導、ご鞭撻を

賜りますよう衷心よりお願い申し上げます。

❸本来拝顔にてご挨拶申し上げるところですが、

まずは取り急ぎ書中をもちまして御礼申し上げます。

謹白

手紙

開業・開店祝いへのお礼②

会社代表 ▼ 取引先

◆言い換え例◆

❶お祝いへのお礼

◆身に余るご厚志まで頂戴いたし、重ねて御礼申し上げます。

◆力強い励ましのご祝詞を賜り、心より御礼申し上げます。

◆開業祝いをお贈りいただき、深く感謝いたします。

❷今後の支援を願う言葉

◆なにとぞ、今後とも一層のご指導、ご支援を賜りますよう、お願い申し上げます。

❸末文の挨拶

◆甚だ略儀ではありますが、書中をもちまして御礼申し上げます。

◆取り急ぎ御礼かたがたご挨拶まで。

◆まずは略儀ながら書中にて御礼申し上げます。

手紙

入賞・受賞祝いへのお礼①

男女
▼
恩師

拝啓　涼秋のみぎり、楠木先生におかれましてはご清栄のこととお喜び申し上げます。

❶このたびの受賞に際しましては、お心のこもったお手紙とお祝いをいただき、本当にありがとうございました。

今回受賞対象となりました私の研究論文「国際紛争と自由貿易に関する考察」は、かつて楠木先生からご教示いただきました多くのデータをヒントに完成させたものです。

これもひとえに先生のお陰と、衷心より御礼申し上げます。

また、今後もこれに慢心することなく、さらなる研究の充実を図りたく存じますので、今後とも変わらぬご指導ご鞭撻のほどよろしくお願い申し上げます。

書中にて御礼を申し述べます失礼をお許しください。　敬具

ポイント

受賞に至るまでにお世話になった人へは、お祝いをいただいたお礼とともに、感謝の言葉をきちんと述べましょう。謙虚な気持ちでさらなる研鑽を積む決意と、今後の抱負を述べ、最後に変わらぬ支援をお願いしましょう。

◆言い換え例◆

❶受賞祝いへのお礼

◆このたびは思いもかけぬ○○での入賞、ひとえに先生のお力添えのおかげと感謝しております。また、ご丁寧なるご祝詞までいただき、本当にありがとうございました。

◆先日はご多用にもかかわらず、私の○○受賞祝賀会にご臨席賜り、身に余るご祝詞やお祝いを頂戴し、心から御礼申し上げます。

はがき

入賞・受賞祝いへのお礼②

会社
▼
取引先

拝啓　初春の候、貴社いよいよご発展のこととお喜び申し上げます。

このたびジャパンエコロジー賞におきまして、弊社製品『エコテック２０００』が最優秀賞を受賞いたしましたところ、ご丁重なご祝詞を賜り、誠にありがたく御礼申し上げます。

これもひとえに御社のご支援、ご指導の賜物と深く感謝する次第です。
❶これを機に、御社のご期待に添うべく、ますます品質面の充実研鑽を積んでいく所存でございます。
❷今後ともなにとぞよろしくご厚誼のほどお願いいたします。
まずは略儀ながら書中にて御礼申し上げます。

敬具

◆言い換え例◆

❶今後の抱負
◆今後は一層気を引き締めて社業に邁進いたします。
◆このうえは、皆様のご期待に添うよう、全社員一丸となって努力いたす所存でございます。

❷今後の支援を願う言葉
◆今後とも変わらぬご指導、ご鞭撻を賜りますようお願い申し上げます。
◆なにとぞ今後とも旧に倍するお引き立てを賜りますようお願い申し上げます。

お祝いへのお礼 Q&A

Q お返しの品の金額の目安はどのくらい？

A お返しの目安として、よく「半返し」という言葉がつかわれますが、いただいた額の約半分の金額でお返しをする、という意味です。しかし、たとえば、三万円のお祝いをいただいたからといって、その半分の一万五千円分のお返しをするのは、高額になり、相手に対しても失礼にあたります。お返しは一万円を上限と考えてよいでしょう。また、五千円以下のお祝いもちょうど半分で返すのではなく、三分の一ぐらいの額の品か、もしくは丁寧なお礼状のみで済ませたほうがよいでしょう。
　若い夫婦や就職してすぐの場合は、あまりにも高額だと不自然ですので、金額にこだわらず、無理のない範囲で感謝の気持ちを表しましょう。

Q お返しを行う際ののし書きの注意点は？

A 出産祝いや子どもの成長に伴うお祝い（入園・入学、七五三、進学、就職など）へのお礼には、のし紙に子どもの名前を書きましょう。
　のし紙には、水引が印刷されていますが、結婚は入院と同様、繰り返したくないという意味をこめて、結び切りの水引をつかいます。それ以外では、紅白蝶結びをつかいます。

Q お返しのタイミングはいつぐらいが適切？

A お礼状は、お祝いをいただいたらすぐに書くのがマナーですが、お返しの品は、お祝いをいただいてからすぐ、というのでは機械的で味気ないもの。目安としては、お祝いのイベントがあってから一カ月以内に送るのがよいでしょう。結婚祝いへの引き出物なら披露宴当日に渡しますが、欠席者には、挙式後一カ月以内に届けるとよいでしょう。入園・入学、進学祝いなら四月中、就職祝いへのお返しなら、初任給や初ボーナスが出たら送るとよいでしょう。

第4章

お世話になったときのお礼状

お世話になったときのお礼状のマナー

できるだけ早く心のこもったお礼状を

就職・転職の相談や縁談の紹介、相談に乗ってもらったときなど、お世話になってお礼を述べることはたくさんあります。親切にしてもらった人に対しては、感謝の意をこめたお礼状を、できるだけすぐに書きましょう。結果がまだ出ていない状態でも、相手はあなたのことを心配しているはず。経過報告もかねて、一週間以内には出すようにしましょう。

感謝の気持ちを素直に表現する

お世話になった感謝の気持ちを表すお礼状ですから、その基本は「丁寧に心をこめて」。あまりにかしこまった書きかた、大げさな表現は、儀礼的すぎて白々しく感じられることもあります。どんなに嬉しかったか、どれほど助かったかなど、あくまでそのときの気持ちを素直に書くことを心がけましょう。

今後の抱負も書き添える

就職や結婚、入院などでお世話になった場合には、ただ謝意を伝えるだけでなく、今後の抱負や意欲など、前向きな気持ちを書き添えるようにします。相手の厚意のおかげでどれほど自分が前進できたかを伝えれば、きっと喜ばれるはずです。

前文

❶余寒もめっきり薄れ、日ごとに春めいてまいりました。
❷鈴木様ご夫妻には、ますますご健勝のこととお喜び申し上げます。
❸さて、このたびの息子　圭太の婚儀に際しましては、お忙しい中、ひとかたならぬお世話をいただきましてありがとうございました。

❖手紙の基本文例❖ 母親 ▶ 息子の仲人

主文

❹おかげさまで、息子夫婦も順調に新生活をスタートさせることができました。今後も私ども同様、息子夫婦にもご指導くださいますようよろしくお願い申し上げます。本来ならばすぐにでもお伺いすべきところですが、

末文

昨日、気持ちばかりの品を送らせていただきました。ご笑納いただければ幸いです。

❺季節の変わり目、どうぞお体おいといくださいますよう。失礼ながら、まずは書中にてお礼まで。

三月十五日

山田良男
春江

鈴木大輔様
美奈子様

Column

仲人あての手紙は夫婦連名で書く

縁談・結婚の際、最もお世話になるのが仲人ですが、お礼状を出す場合は、一般的に夫婦連名で出しましょう。宛名も連名にしましょう。

構成

❶季節の挨拶
❷相手を気遣う言葉を述べる
❸お世話になったことに対する感謝の気持ちなどを述べる
❹現状や結果を報告
❺相手への気遣いを一言

手紙

縁談を世話してもらったお礼

母親
▼
縁談の世話人

春風が心地よい季節となりました。

清水様にはお健やかにお過ごしのことと存じます。

このたびは❶大変結構なお話をお世話いただき、本当にありがとうございました。主人も「あの方なら一緒にゴルフができるかなぁ」と喜んでおります。

おかげさまで❷娘も大変乗り気で、「話題が豊富で、お話ししていて楽しい方」と申しております。

先日も、いつもよりおしゃれをして出かけていくなど、おつきあいも順調に進んでいるようでございます。

清水様のご厚情には心より感謝いたします。

今後ともよろしくお導きくださいますよう、お願い申し上げます。

季節の変わり目ですので、お身体に気をつけて、お元気でお過ごしください。

ポイント

息子・娘の縁談でお世話になった場合、まず、親の立場から感謝の気持ちを述べましょう。次いで本人の気持ち、現在の状況などを報告します。たとえうまくいかない場合でも、お世話してもらったことへのお礼を書くようにします。

◆言い換え例◆

❶相手の厚意へのお礼
◆大変素晴らしい方をご紹介いただき、誠にありがとうございました。
◆娘にはもったいないような素晴らしいお話をいただき、大変お世話になりました。

❷本人の気持ち・現状の報告
◆本人も大変素晴らしいお相手と、おつき合いに前向きのようでございます。

手紙

結婚式参列のお礼

母親
▼
参列者

新緑がまぶしい季節となりました。

芳子さんにはますますお元気のことと存じます。

さて、このたびの息子の結婚式に際しましては、❶お忙しい中、ご出席いただいたうえ、ご丁重なご祝辞とお祝いをいただき、本当にありがとうございました。夫も大変喜んでおりました。

おかげさまで、新婚旅行も無事に終えて、昨日、二人とも元気に帰国しました。
❷今後とも私ども同様、息子夫婦をよろしくお願い致します。
まずはお礼かたがたご挨拶まで。

◆言い換え例◆

❶お祝いへのお礼
◆ご多用中にもかかわらずお運びいただきましたうえ、身に余るご祝詞とお祝いをいただき、…
◆過分なご祝辞だけでなくお祝いまで頂戴し、…

❷今後の支援を願う言葉
◆未熟な二人ですが、これからもあたたかく見守ってください。
◆今後も若い二人に、よきアドバイスをお願いします。
◆これまで以上によろしくご指導のほど、お願いします。

はがき

仲人をしてもらったお礼①

男性 ▼ 仲人夫婦

謹啓　秋涼爽快の候、
斉藤専務ご夫妻におかれましてはご壮健のことと
お喜び申し上げます。
　さて、このたびの私どもの結婚にあたりましては、
❶ご媒酌を賜り、誠にありがとうございました。
おかげさまで無事挙式もすみ、妻とともに
感謝いたしております。
　どうぞ今後とも公私にわたり❷ご指導賜りますよう、
お願い申し上げます。
　末筆ながら、斉藤専務ご夫妻のご多幸を心から
お祈り申し上げます。
敬具

ポイント

「仲人親」という言葉もあるくらい、仲人をお願いする夫婦には結婚後もいろいろとお世話になるものです。今後の指導やアドバイスをお願いする一言も書き添えましょう。また、会社の上司など仕事上のつき合いがある人には、あまりくだけすぎても失礼になります。礼儀正しい言葉遣いを心がけましょう。

◆言い換え例◆

❶お世話になったお礼
- ご多忙にもかかわらず、御媒酌の労をお引き受けいただき、…
- お忙しい中、ご媒酌の労をお取りいただき、…

❷今後の支援・指導を願う言葉
- 倍旧のご厚情を賜りますよう、…
- これまで以上のご指導をくださいますよう、…

手紙

仲人をしてもらったお礼②

夫婦
▼
仲人

謹啓　新緑の候、ますますご健勝のこととお喜び申し上げます。

このたびは私たちの結婚に際しまして、❶ご媒酌の労を賜り、誠にありがとうございました。両家の親ともども、深く感謝いたしております。

まだ、未熟で至らない二人ですが、❷いつも明るく楽しい家庭を築いていきたいと、夫婦で話し合っております。

今後ともよろしくご指導のほど、お願い致します。

日ごとに寒さを増す季節となりましたが、ご自愛ください。

近々ご挨拶にお伺いしたいと存じますが、まずは書中にてお礼申し上げます。

謹白

◆言い換え例◆

❶お世話になったお礼
- お忙しい中、ご媒酌の労をお執りくださいまして、誠にありがとうございました。
- ひとかたならぬご尽力、ご高配をいただきまして、ありがとうございました。
- 大変なお骨折りをいただき、本当にありがとうございました。
- ひとかたならぬご尽力を賜り、ありがとうございました。
- なにかとお心遣いをいただき、感謝いたします。

❷今後の決意
- 力を合わせて幸せな家庭を築いていきたいと思っております。
- いつまでも仲良く、あたたかい家庭を築いていきたいと、妻とも話しております。

はがき

発表会に招待してもらったお礼

女性
▼
友人

先日はお嬢様の❶ピアノリサイタルにお招きいただき、ありがとうございました。

❷素晴らしいテクニックと迫力に圧倒されっぱなしでした。さすがにピアノ歴二十年、日ごろのご精進のたまものと感動しました。これからがますます楽しみですね。

知っている曲もたくさんあって、とても楽しい時間を過ごさせてもらいましたこと、お嬢様にもぜひお伝えください。

まずは取り急ぎ、お礼まで。

ポイント

ホームパーティーや演奏会などに招かれたら、招待されたあとすぐに、お礼状を出しましょう。あまり大げさな表現はかえって失礼。招待した側が「お招きしてよかった」と嬉しくなるような、素直な表現を心がけましょう。

◆言い換え例◆

❶招待してもらったお礼

◆とても素敵なコンサートにご招待いただき、本当にありがとうございました

❷感激したことを伝える

◆演奏が始まった途端、いきなりピアノの音に引きこまれ、あっという間の三時間でした。

◆ホールで聞く、ダイナミックな生の音に大感激、すっかり引きこまれてしまいました。

手紙

新居に招待してもらったお礼

女性
▼
親しい友人

秋の深まりを感じる今日このごろとなりました。
先日はご新居にお招きいただき、ありがとう。
❶広いお庭にビックリ。緑がいっぱいの素晴らしいお住まいですね。
ゆったりとしたリビングもシックな色調で、とても素敵でした。
❷ご一緒した方々の中には、初対面の方も
いましたが、皆様とても話題が豊富で、本当に楽しい
一日を過ごすことができました。もちろん
和子さんの手料理も、とてもおいしかった。
ぜひまた、お邪魔させてくださいね。いつもにこにこ、
おやさしいご主人様にもよろしくお伝えください。
朝晩冷え込むようになってきたので、お身体に気をつけて。

◆言い換え例◆

❶新居の印象
- そこここに、建てられた人のセンスのよさが感じられる、素敵なお家ですね。
- 明るくて広い玄関に、使い勝手のよさそうなキッチン、同じ家事を担う者としてうらやましいです。

❷同席者について触れる
- ご一緒した皆さんも楽しい方ばかりで、…
- 旧知のメンバーが集まって、ミニ同窓会のようで、…

はがき

イベントに招待してもらったお礼

社員
▼
取引先

拝啓　青葉の候、ますますご健勝の由、
お喜び申し上げます。
　先日は❶御社後援のコンサートにお招きいただき、
誠にありがとうございました。
❷さまざまな文化や芸術に理解のある
御社の後援だけあり、演奏家も一流の方ばかり。
素晴らしい弦楽四重奏の音色に、普段の疲れが
すっかり癒された心地でした。
　今後ともよろしくお付き合いのほど、お願い申し上げます。
まずは書中をもって御礼申し上げます。
敬具

ポイント

招待してもらったお礼と同時に、そのイベントに対しての感想や、ためになったこと、楽しかった気持ちなどを伝えます。どんなところに感動したかなども書くとよいでしょう。

◆言い換え例◆

❶招待してもらったお礼
- 新製品発表のパーティーにお招きいただき、ありがとうございました。
- 新社屋落成披露パーティーにご招待いただき、厚く御礼申し上げます。

❷イベントの感想
- さすがにこの業界で他の追随を許さない、御社の素晴らしい新作ラインアップに感動しました。
- 立派な新社屋と過分なるおもてなしに感激いたしました。

手紙

自宅に招待してもらったお礼

男性 ▼ 職場の先輩

拝啓　虫の音も涼やかな今日この頃、
河野様ご夫妻には、ますますご健勝のこととお喜び申し上げます。
先日は❶お招きにあずかりまして、誠にありがとうございました。
奥様の手の込んだ料理の数々、大変おいしくいただきました。
❷お酒を酌み交わしながら大先輩の貴重なお話を拝聴できたこと、とても有意義な時間でした。
このたびのご厚情にお応えするためにも、ますます精進する所存です。どうぞ今後ともご指導のほどお願いいたします。

奥様にもくれぐれもよろしくお伝えください。

敬具

◆言い換え例◆

❶招待してもらったお礼
- お招きをいただきまして、本当にありがとうございました。
- ご招待いただき、ありがとうございました。
- お心づくしのおもてなしにあずかり、誠にありがとうございました。

❷嬉しかったこと
- 久しぶりにゆっくりとお話することができ、とても嬉しく、貴重なひとときでございました。
- ゆっくりとお酒を酌み交わすことができ、本当にいい時間を過ごすことができました。

はがき

訪問時にお世話になったお礼①

女性
▼
旧友

昨日はすっかりごちそうになってしまいました。
突然の訪問、本当にごめんなさいね。
❶お近くまで出向いたので、
どうしてもお会いしたくなって……。
そんな失礼を快く許してくださって、
温かいおもてなしをありがとうございました。
❷またお目にかかりたいと思います。
その折はぜひ拙宅へお越しください。
取り急ぎ、お礼のごあいさつまで。

ポイント

訪問を受けると、時間をとられたり、いろいろと準備が必要になったりします。そうした相手の心遣いに感謝の気持ちをこめて、お礼状を書きましょう。

◆言い換え例◆

❶訪問の理由
- しばらくご無沙汰していたので、…
- あれこれお話ししたいことが積もっていたので、…
- お近くを通りかかるたび、○○さん、どうしているかしらといつも思っていたので、…

❷再会を願う言葉
- 積もる話もまだまだありそうだったので、近々またお会いできればと思います。
- よかったらまた、話し相手になってくださいね。

はがき

訪問時にお世話になったお礼②

女性
▼
親しい友人

日曜日は、ありがとうございました。
おかげさまで、とても楽しいひとときを過ごすことができました。
❶貴重なお休みの日、しかも忙しくなる時間に夕方までおじゃましてしまい、ご迷惑をかけてしまったことと思います。
❷学習塾の相談にも乗ってもらい、本当に助かりました。夫も「ありがたいね」と喜んでいました。
ご主人様にもどうぞよろしくお伝えください。
まずはひと言、お礼まで。

◆言い換え例◆

❶相手を気遣う言葉

- おまけに夕食までごちそうになってしまい、ご迷惑をおかけしました。
- 貴重なお時間をつぶしてしまい、本当にごめんなさい。
- ご家族団らんの日曜日にもかかわらず、夕方までおじゃましてしまい、大変失礼いたしました。

❷談話について

- 久しぶりにゆっくりとお話ができて、楽しかったです。時が経つのをすっかり忘れてしまいました。
- 昔話に花を咲かせ、時間が経つのがあっという間でした。

Business ビジネス

はがき

訪問時にお世話になったお礼③

社員
▼
取引先の工場

謹啓　貴社ますますご清栄のこととお慶び申し上げます。
さて、先週の貴社調布工場見学の折には、❶お忙しい中、格別のご配慮を賜り、誠にありがとうございました。
❷地域社会とのコミュニケーションを大切にしながら、環境に配慮した製品づくりをめざす現場を長時間見学させていただき、ＩＳＯに対する理解を深めることができました。今回の弊社見学グループ一同、大変感謝いたしております。
今後ともご指導賜りますようお願い申し上げます。
まずは書中をもちまして御礼まで。
謹白

ポイント

取引先を訪問させてもらったときは、お礼状を出すのが礼儀です。日ごろの愛顧に感謝するとともに、今後の変わらぬ支援を願う言葉を伝えます。

◆言い換え例◆

❶お世話になったお礼
◆ご多用中にもかかわらず、貴重なお時間をいただき、ありがとうございました。

❷訪問した感想
◆御社工場の生産ライン見学により、製造ラインを体感でき、大いに参考になりました。
◆業界最先端の設備を見学させていただき、その技術の素晴らしさに目を見張りました。

手紙

訪問時にお世話になったお礼④

社員
▼
取引先

拝啓　桜花爛漫の季節を迎え、
貴社ますますご隆盛のこととお慶び申し上げます。
過日、商品に関するアンケートの件でお伺いした際には、
大変お世話になりました。❶貴重なお時間を割いて、懇切丁寧に
ご対応くださったこと、深く感謝しております。
承りましたご提案につきましては、❷今後の商品開発に
反映させていただく所存でございます。何とぞ今後とも
ご教示くださいますよう、よろしくお願い申し上げます。
まずは書中にて御礼申し上げます。
敬具

◆言い換え例◆

❶対応してもらったお礼
- ご多用中にもかかわらず、私どものために貴重なお時間をいただいたこと、心よりお礼申し上げます。
- お忙しい中、ご親切に対応いただきまして、本当にありがとうございました。

❷今後の決意
- 今後の参考にさせていただきます。
- 以後の企業活動において、ご要望に添うべく努力いたします。

手紙

宿泊させてもらったお礼①

女性
▼
故郷の友人

朝夕はだいぶ涼しくなり、しのぎやすくなってきました。玲子さんにはお変わりなくお過ごしのことと存じます。

さて、❶過日、帰郷の折にはお宅に泊めていただき、ありがとうございました。すっかり甘えてしまって、お夕飯までごちそうになり、ご迷惑だったのではないかと恐縮しております。

玲子さんとの「前夜祭」のおかげで楽しい思い出が二倍になりました。またお会いしたいですね。❷東京へお越しの機会がありましたら、ぜひうちにもお立ち寄りください。

ご主人様にも送り迎えなどお世話になり、大変感謝しております。くれぐれもよろしくお伝えくださいませ。

ポイント

迷惑をかけてしまったおわびをすることはもちろんですが、楽しい時間を過ごすことができた喜びを素直に表現することが、招いてくれた人への厚意に応えることにもなります。お世話になったご家族へのお礼も忘れずに。

◆言い換え例◆

❶お世話になったお礼
- 先週末は、お邪魔したうえ宿泊までさせていただいて、…
- 先日は、突然の図々しいお願いに快く応じていただき、…

❷我が家へのお誘い
- 我が家にも遊びにいらしてください。
- 今度はぜひ、わが家にもおいでください。
- こちら方面へお越しの節は、ぜひお寄りください。

手紙

宿泊させてもらったお礼②

女性
▼
両親

厳しい暑さが続いていますが、お元気ですか？

先日は❶息子の渉が一週間もお邪魔して、すっかりお世話になってしまい、本当にありがとう。
❷わんぱく息子なので、相手をするのが大変だったでしょう？
真っ黒になって帰ってきた息子に、夫も驚いていました。
❸本人は毎日とても楽しかったようで、「まだ帰りたくなかった」としきりに言っています。
涼しくなったら、ぜひこちらへも遊びにきてください。
取り急ぎひと言、お礼まで。

◆言い換え例◆

❶お世話になったお礼
◆○○が大変お世話になりました。
◆○○を一週間もあずかっていただき、たいそうお世話をかけました。

❷相手を気遣う言葉
◆息子はあの通り、元気があり余っているので、ずいぶん苦労させてしまったことと思います。
◆まだ礼儀らしい礼儀も教えていないので、いろいろとご迷惑をかけたのではないかと心配です。

❸本人の様子を伝える言葉
◆自分で撮ってきたたくさんの写真を、得意気に見せてくれました。
◆セミとりが楽しかったと、興奮して話していました。

手紙

退院後のお礼①

患者▼医師

いちょうの葉がみごとに色づき始めました。

筒井先生にはお元気で、お忙しい日々をお過ごしのことと存じます。

先日の入院に際しましては大変お世話になり、ありがとうございました。❶手術の時は先生の励ましのおかげで、不安な気持ちがどれだけ救われたか、心よりお礼申し上げます。

おかげさまで❷退院から一週間経った今、体調はとても良好で、健康でいられることのありがたさ、大切さをかみしめております。

看護師の皆様にもよろしくお伝えください。

向寒の折、くれぐれもご自愛くださいませ。

ポイント

入院中お世話になったお礼とともに、退院後の様子も伝えましょう。担当の医師だけでなく、お世話になった看護師へのお礼も忘れずに。

◆言い換え例◆

❶お世話になったお礼

- 通院の時から先生にはお世話になり、大変心強く感じておりました。
- 手術はもちろん、術後も勇気づけていただき、深く感謝しております。

❷退院後の様子

- 退院後はご飯もおいしく、以前にも増して活動的な日々を送っております。
- 自宅でのリハビリも順調にこなし、少しずつ運動もできるようになってきました。

はがき

退院後のお礼②

母親 ▼ 医師

先日は、息子の良太が入院の間、
大変お世話になりました。
当初の予定よりもずいぶん早く退院できましたことは、
先生の適切な処置のおかげと御礼申し上げます。
❶本人もすっかり元気にしておりますが、
しばらくは検診に伺いますので、
引き続きよろしくお願いいたします。
末筆ながら、❷お世話になりました
看護師さんがたにも、よろしくお伝えくださいませ。

◆言い換え例◆

❶今後の指導を願う言葉

◆来月の検診にはもう少し体力をつけてお伺いできることと思いますので、またいろいろご指導いただければと存じます。

◆今後も先生のご指導のもと、リハビリを続けていければと思いますので、よろしくお願いいたします。

❷看護師へのお礼

◆入院中、ずっと勇気づけてくださった看護師さんに、くれぐれもよろしくお伝えください。

◆明るい笑顔で元気づけてくださった看護師の方々にも、よろしくお伝えください。

手紙

旅行中お世話になったお礼①

男女▼駅長

突然のお手紙、失礼いたします。

先日、函館本線で気分が悪くなった際に大変お世話になりました加藤と申します。その節はどうもありがとうございました。
❶旅先で急に体調が悪くなり、すっかりご迷惑をおかけしてしまいました。見知らぬ土地でのことだったので心細さもあり、困り果てておりましたので、本当に助かりました。
昨日無事に帰宅できましたのも、駅長様はじめ、小樽駅の皆様のおかげです。
❷当日は十分なお礼もできず、大変失礼いたしました。
またいつの日か御地を訪ねることがございましたら、直接お礼を申し上げたいと思っておりますが、まずは書中にてお礼まで。

別便で心ばかりの品、送らせていただきました。

ほんの少しではございますが、皆様でご笑納いただけると幸いです。

ポイント

旅先で体調を崩したときや、ハプニングに遭遇したときは、本当に心細いもの。そんなとき助けてくれた人には、たとえ旅先であってもお礼状を送りましょう。あまり堅苦しくならず、素直に感謝の気持ちを伝えるような書きかたにすると喜ばれます。

◆言い換え例◆

❶心強かったことを伝える
◆初めて訪れた土地で勝手がわからず、つらい思いをしておりましたので、思いがけないお心遣いに感激いたしました。

❷きちんとお礼できなかったおわび
◆当日は気が動転しておりまして、十分なお礼も申し上げられず、大変失礼いたしました。

はがき

旅行中お世話になったお礼②

女性
▼
旧友

街中で半袖姿を目にする季節となりました。
先日は大変お世話になり、ありがとうございました。
二年ぶりに久子さんにお会いできたこと、本当にうれしく思います。
❶旅行ガイドブックなどには載っていない、地元の人ならではのお店に案内していただいたことも、忘れがたい思い出となりました。
❷こちらにお越しの際は、ぜひお知らせください。今度は私がご案内しますね。
季節の変わり目、おからだを大切に。
まずはお礼まで。

◆言い換え例◆

❶お世話になったお礼
◆土地勘のない旅行者ではまず訪れないような「地元の名店」を教えていただき、…
◆こちらではあまり目にしない、珍しい料理のお店に連れていっていただき、…
◆素晴らしい景色の見える丘まで車で連れていっていただき、…
◆私の趣味をおぼえていてくださって、地元の古刹を案内していただき、…

❷再会を願う言葉
◆次は私が、おいしいお店にご案内します。ぜひお連れしたいお寺が、近くにあるの。

ビジネス
Business

手紙

出張先でお世話になったお礼①

男性
▼
出張先

拝啓　貴社ますますご隆盛のこととお慶び申し上げます。
平素は❶格別のご愛顧を賜り、厚く御礼申し上げます。
さて、先週の出張の際は、いろいろお世話いただき、
誠にありがとうございました。
❷皆様のご協力のおかげで、大変スムーズに仕事が運び、
所期の目的を達することができました。弊社も
このたびのプロジェクトには社運をかけ、全員一丸となって
臨む所存でおります。
またお力をお借りすることもあるかと存じますが、
今後ともよろしくご指導くださいますよう、お願い申し上げます。
まずは書面をもちまして御礼申し上げます。
敬具

ポイント

出張先でお世話になった場合、戻ったらすぐにお礼状を書きましょう。出張の成果はお世話になった人たちのおかげだということを忘れず、協力に対する謝意を伝えるようにします。

◆言い換え例◆

❶前文の挨拶
◆格別のお引き立てを賜り、…
◆過分なご厚情をいただき、…
◆ひとかたならぬご支援にあずかり、…

❷お世話になったお礼
◆皆様のご尽力のおかげをもちまして、…
◆貴社の適切なお取りはからいのおかげで、…
◆○○様のお力添えのおかげで、…

はがき

出張先でお世話になったお礼②

社員
▼
取引先

拝啓　時下ますますご清栄のこととお慶び申し上げます。
平素は格別のご厚情にあずかり誠にありがとうございます。
さて、❶先日の御地出張の折には、大変お世話になりました。
おかげさまで打ち合わせも順調に運び、今後の作業も
つつがなく進行できることと存じます。
これもひとえに
貴社の優秀なスタッフの皆様のおかげと、
深く感謝いたしております。
今後とも❷何とぞご指導ご支援のほど、
よろしくお願い申し上げます。
まずは取り急ぎ、書中をもってお礼まで。
敬具

◆言い換え例◆

❶お世話になったお礼
◆先日の出張の際には、ひとかたならぬお世話をいただき、ありがとうございました。
◆先日の出張の際には、公私ともにお世話になりました。
◆先週の御地出張中は何かとお心配りをいただき、お世話になりました。
◆このたびの出張では、○○様にすっかりお世話になってしまいました。

❷今後の支援を願う言葉
◆何とぞご支援賜りますよう、…
◆ご高配を賜りますよう、…
◆ご支援くださいますよう、…
◆ご助力のほど、…

手紙

父親がお世話になったお礼

嫁
▼
通行人

先日は父が大変お世話になり、ありがとうございました。
あまり車も通らないところでしたので、
坂田様が車でお通りになったことは本当に幸運でした。
転んで動けなくなった父を連れてきてくださったこと、❶家族一同、
深く感謝いたしております。おかげさまで
軽い捻挫と打撲だけですみました。
坂田様には❷すっかりご迷惑をおかけしてしまいました。
深くお詫び申し上げます。
本来ならば直接お伺いしてお礼を申し上げるべきところですが、
いただいたお名刺をもとに、失礼とは存じますが、会社宛に
お手紙を送らせていただきました。
末筆ながら、坂田様のますますのご健康とご多幸を
お祈り申し上げます。ひと言お礼のみで失礼いたします。

ポイント

家族がお世話になったら、すぐにお礼状を送るようにしましょう。また、たとえ義父であっても「父」と書くようにします。

◆言い換え例◆

❶感謝の言葉

◆○○様のご親切に、家族みんなで感謝しております。
◆忙しいお仕事中に、やさしいお心遣いを、ありがとうございました。
◆本人はもとより、家族中で感謝いたしております。

❷迷惑をかけたおわび

◆大変なご迷惑をおかけいたしました。
◆大きなご負担をかけてしまいました。

手紙

娘がお世話になったお礼

母
▼
近所の友人

先日、地域のバザーでは、娘が大変お世話になりました。

初めて参加させていただいたので、❶まるで様子が分からず、ただおろおろするばかりの娘にあれこれ教えてくださったとのことで、本当にありがとうございました。

おかげさまで、❷お客さんとのやり取りも楽しみながらできたと喜んでおりました。初めてにもかかわらず、二万円もの売り上げがあったと聞いて、驚いております。

またぜひご一緒させていただきたいと、本人も申しております。どうぞこれからもいろいろと教えてやってください。

本当にありがとうございました。❸今後ともお付き合いのほど、よろしくお願い致します。

朝晩、めっきり涼しくなりました。お風邪などひかれませんよう。

◆言い換え例◆

❶娘の困った様子
◆右も左も分からない娘に…
◆どうしてよいのか分からずにいる娘に…
◆品物の並べかた、値札のつけかたも分からない娘に…

❷娘の楽しかった様子
◆困っているときにかけてくださった一言がとても嬉しかったと…
◆あたたかいお言葉がよほど嬉しかったようで…
◆見ず知らずの人たちといろいろな話ができたことに…

❸今後のおつき合いを願う言葉
◆次回もお誘いいただければ幸いです。
◆娘ともども、またの機会を楽しみにしております。

はがき

義父がお世話になったお礼

嫁 ▼ 義父の友人

朝夕はだいぶしのぎやすくなって参りました。
先日の「敬老会・囲碁大会」では、父が①大変お世話になりました。
囲碁は父の唯一の趣味、毎年この大会をとても楽しみにしております。
今年は②特に準優勝できたこともあり、大変うれしそうでした。
③毎年お声をかけていただいて、本当にありがとうございます。
今後ともどうぞよろしくお願い致します。

◆言い換え例◆

①お世話になったお礼
◆すっかりお世話になりました。
◆ご面倒をおかけしました。
◆いろいろお世話になり、ありがたく存じます。

②父の様子
◆また新しいお友だちが増えたと、うれしそうに話しておりました。
◆○○さんと一緒にベスト4まで残れたとはしゃいでおりました。

③相手の厚意への感謝
◆毎回お誘いいただき、深く感謝しております。

手紙

息子がお世話になったお礼

母親 ▼ 息子の先生

厳しい暑さが続いておりますす。

このたびの「ちびっ子スポーツクラブ」の夏休みのラグビー合宿では、息子の隆史が大変お世話になりました。

家族と離れて三泊四日、初めての体験で、しかもこの春小学校に入学したばかり。正直申しまして、親も不安でいっぱいでしたが、
❶おかげさまで楽しい四日間を過ごさせていただいたようです。
ひいき目かもしれませんが、❷グンとたくましくなって戻ってきたような気がします。

これも赤堀先生はじめ、スタッフのみなさまのご指導のおかげと感謝いたしております。

今後ともよろしくお導きくださいますよう、お願い申し上げます。

かしこ

◆言い換え例◆

❶息子の感想
◆カブト虫をつかまえたエピソードなどを自慢げに話してくれました。
◆昨晩も、「お兄ちゃんたちと一緒にお風呂に入ったんだよ」と嬉しそうに話しておりました。
◆「ボク、泣かなかったよ」と胸を張っておりました。
◆よそのチームとの試合など、楽しいことばかりだったようです。

❷息子の様子
◆何だかちょっとだけ強くなったかな、と思いました。
◆真っ黒になって帰ってきましたので、ずいぶんたくましくなったように見えます。

はがき

習い事の指導へのお礼

男女
▼
習い事の先生

先日の「ちぎり絵展」への出品に際しては、
中谷先生に大変お世話になり、
本当にありがとうございました。
おかげさまで❶声を掛けた友人たちにも好評で、
とても嬉しい気持ちになりました。
特に、先生にもお褒めいただいた「紫陽花の庭」の
色づかいがよいと多くの方がおっしゃってくださいました。
❷これまでの先生の温かいご指導のおかげと、
大変感謝いたしております。
さらに上達しますよう、ますます頑張るつもりです。
今後ともよろしくお導きのほど、お願いいたします。

ポイント

普段指導してもらっている先生へのお礼状は丁寧に書きましょう。嬉しかったエピソードや自身の成長などを書くと、感謝の気持ちが伝わります。

◆言い換え例◆

❶作品の評判
◆お招きした知り合いの皆さんにも好評で、…
◆見にきてくれた友人たちにも評判がよく、…
◆展示作品を見にきた家族の者にも「すてきだね」と言われ、…

❷指導への感謝
◆先生の細やかなご指導の賜物《たまもの》と、…
◆熱心でていねいな先生のご指導のおかげと、…
◆先生に手取り足取りお教えいただいたおかげと、…

手紙

学習塾の指導へのお礼

母親
▼
息子の塾の先生

木枯らしの季節となりました。

西本先生におかれましては、ますますお元気のことと存じます。
❶いつも息子に親身なご指導をいただき、ありがとうございます。
おかげさまでこのたびの試験では、❷志望校の合格ラインに届き、だいぶやる気が出てきたように感じられます。

これもひとえに先生のご指導のおかげと、感謝いたしております。

年の瀬を迎えることで、❸残された時間の少ないことを本人も自覚したのか、目の色が変わってきたようです。

どうぞこれからもよろしくご指導のほど、お願い申し上げます。

◆言い換え例◆

❶お世話になっているお礼
◆息子がいつも大変お世話になっております。
◆いつも熱心にご指導いただき、ありがとうございます。

❷指導の成果を伝える
◆クラスで三番の成績で、本人もだいぶ自信がついてきたようです。
◆グンと成績が上がり、本人も意欲が出てきた様子です。

❸息子の様子
◆残された時間もあとわずか、…
◆入試の日まで五十日を切り、…
◆最終コーナーに入ったという意識が生まれたのか、…

手紙

相談に乗ってもらったお礼①

女性
▼
親しい友人

先日は❶突然押し掛けたうえ、相談に乗っていただき、ありがとうございました。

貴重なお休みを潰してしまってごめんなさい。

でも、おかげさまで、だいぶ元気が出ました。私は彼のことが大好きだし尊敬もしていますが、やはり真理子さんの言う通り、理想の生活が違いすぎると思いました。

頭を冷やして考えてみたら、それがよく分かりました。心配かけて本当にごめんなさい。そして、❷たくさん元気づけてくれてありがとう。

もうすぐ春になるし、新しい恋人を探すことにします。

今度二人で飲もうね。ごちそうさせてください。

ポイント

相談事を持ちかけ、心配をかけた相手には、素直にお礼をいいましょう。直接話しづらいことでも、手紙だと冷静に書けるものです。お礼とともに、自分の正直な思いを伝えるようにします。

◆言い換え例◆

❶相手の厚意へのお礼
- 突然相談を持ちかけて、失礼しました。
- 暗い相談事を聞いてもらい、助かりました。
- 突然押し掛けたのに、嫌な顔ひとつせずに話を聞いてくれて、ありがとうございました。

❷元気づけられたこと
- あなたと話したことで、とても勇気づけられました。
- ○○さんのアドバイスのおかげで元気が出ました。

手紙

相談に乗ってもらったお礼②

女性▼伯父

家の近くにある公園では、桜が満開です。

先日は就職の相談にのっていただき、ありがとうございました。

こういう相談ができるのは、父を亡くした今、伯父さんだけなので、つい甘えてしまいごめんなさい。

でも、❶おかげさまで元気が出ました。

伯父さんのおっしゃった通り、私のように就職先が決まらない人も大勢いることでしょう。

それでも母を少しでも楽にするために、頑張らないといけませんね。
❷甘えすぎていた自分を反省しつつ、今日も履歴書を二通送ってみました。
よいご報告ができるよう、全力でぶつかってみます。
❸本当にありがとうございました。

◆言い換え例◆

❶前向きになったこと
- おかげさまで、あれから冷静に今の状況を考えられるようになりました。
- 思い切って悩みを聞いていただいて本当によかったと思っています。
- 相談に乗ってもらって目が覚めました。

❷反省したこと
- 周囲の状況に考えが及ばなかった自分を反省し、…
- あきらめが早すぎた自分に喝を入れ、…

❸お世話になったお礼
- たくさんのアドバイス、ありがとうございました。
- 私の話を聞いてくださり、大変感謝しています。

手紙

相談に乗ってもらったお礼③

男性
▼
上司

拝啓　先週末は、お忙しいところいろいろと
ご指導いただきましてありがとうございました。
その折にお話ししました通り、❶営業職は私には
向いていないのではないかと、ここ半年ばかり悩んでおりました。
しかし、中川部長とお話させていただいて、私の考えに
甘さがあったことに気がつきました。
❷いろいろとご助言いただいたおかげで、もう一度
初心にかえって頑張ろうと思えるようになりました。
本当にありがとうございました。どうぞ今後ともよろしく
ご指導くださいますよう、お願い申し上げます。
敬具

ポイント

ビジネスシーンでの相談相手は、同僚や上司、取引先の仲のよい人、さらには学生時代からの親友などさまざまですが、相談に乗ってもらった場合は、お礼状を出しましょう。相談したことで起こった気持ちの変化など、その後の経過も書くようにします。

◆言い換え例◆

❶悩み事について
- 今の仕事は私には向いていないのではないかと、悶々としておりました。
- このままこの仕事でやっていけるのかと、自信をなくしておりました。

❷相手の厚意への感謝
- 適切なアドバイスをいただいたおかげで、…
- ○○部長の若い頃のお話など伺ううちに、…

手紙

相談に乗ってもらったお礼④

男性
▼
上司

謹啓　先日は突然の相談に貴重なお時間を頂戴し、誠にありがとうございました。

　本日、神戸支店への転勤の辞令をいただきました。私の関西への転勤という希望をお聞き届けいただき、深く感謝しております。

　大阪の実家で急に父が倒れたと聞いた時、最悪の場合、退社させていただくしかないと考えておりました。❶思いあまってご相談させていただきましたが、宮本支店長のご厚情のおかげでこのような結果となり、❷いくらお礼を申し上げても足りません。

　神戸支店に移りましても❸誠心誠意勤めさせていただく所存です。今後ともご指導のほど、よろしくお願い致します。

　宮本支店長のご健康とご多幸をお祈りしております。

謹白

◆言い換え例◆

❶相談前の心境
- 悩みに悩んだ揚げ句、ご相談させていただきましたが、…
- 毎日、そのような悩みを抱えて仕事をしておりましたが、…

❷相手の厚意への感謝
- 本当に心の底から感謝致しております。
- 大変ありがたく、感謝申し上げます。
- 私事ですのに、温かいお心遣いをいただき、大変感謝しております。

❸今後の決意
- これまで以上に一生懸命勤めさせていただく所存です。
- いただいたお言葉を忘れず、必死に頑張っていこうと思っております。

はがき

遺失物拾得のお礼①

男性
▼
拾得者

拝啓　このたびは私の鞄を社までお届けいただき、
誠にありがとうございました。
鞄の中には❶仕事関係の大事なデータが入っており、
コピーもなく、途方に暮れておりました。
富田様のご親切のおかげで、まさに命拾い致しました。
これは、決してオーバーな表現ではございません。
本来なら❷直接お伺いしてお礼を申し上げるところ、
失礼とは存じますが、
とり急ぎ書中で御礼申し上げます。
敬具

ポイント

大事なものを紛失してしまったときはショックが大きいぶん、手元にもどってきた喜びもひとしおです。相手の親切に対するお礼に加え、どれほど嬉しかったか、助かったかを伝えるようにしましょう。

◆言い換え例◆

❶遺失物の内容
◆通帳と印鑑、つまりほぼ全財産が入っており、…
◆大切な両親の形見が入っており、…
◆仕事の契約書が入っており、…
◆実印が入っており、…

❷直接お礼にいけないおわび
◆私自身お伺いしてお礼を申し述べるべきところですが、…
◆直接参上してお礼を申し上げるべきところ、…

手紙

遺失物拾得のお礼②

女性▼拾得者

このたびは私のカバンを警察にお届けいただき、誠にありがとうございました。

母の形見の大切なネックレスが入っており、紛失したと気付いた際には、❶目の前が真っ暗になりました。

それが矢吹様のご親切のおかげで無事手元に戻り、❷本当に感謝しております。老人の二人暮らしで、たいしたお礼もできませんが、❸心ばかりの商品券を同封させていただきました。

矢吹様のご健康とご多幸を、お祈り申し上げます。

書面にて失礼とは存じますが、まずはお礼まで。

◆言い換え例◆

❶落ちこんだこと
- 口もきけないほど落ちこんでおりました。
- 胸がふさがる思いでした。

❷相手の厚意へのお礼
- なんとお礼を申し上げてよいやら、本当に救われました。
- 夢のようでございます。
- 本当に嬉しく、驚いております。

❸お礼の品について
- 心ばかりの感謝の気持ちを…
- ささやかですがお礼の品を…
- 少しばかりでお恥ずかしいのですが、精一杯のお礼の気持ちを…

手紙

仕事上でお世話になったお礼①

男性
▼
上司

総務部課長　島津準様

このたびは、太陽社様の社史制作にあたり、大変お世話になりました。

社史の制作は初めての経験で、❶どこから取りかかってよいものか悩んでおりましたが、島津課長がお詳しいと伺い、ご相談させていただきました。❷何から何までお世話になってしまい、恐縮しております。

おかげさまで本日、データを納品することができました。すべて、島津課長のお力添えのおかげです。私も大変勉強になりました。

部署が異なるため、頻繁にお目にかかれず残念ですが、今後ともよろしくご指導のほど、お願い致します。

取り急ぎ、お礼とご報告まで。

ポイント

仕事上のアドバイスや助力をもらったとき、取引に力添えをもらったときは、すぐに感謝の気持ちを表したお礼状を書きましょう。ますます信頼関係が深まるはずです。

◆言い換え例◆

❶困惑した様子
- どこから手を着けてよいものやら、困惑しておりましたが…
- 資料の山を前に呆然としておりましたが、…
- どう進行してよいかも分からずにおりましたが、…

❷お世話になったお礼
- 進行スケジュールまで立てていただき、…
- すっかりお世話になってしまい、…
- 細々した事柄までご指導いただき、…

はがき

仕事上でお世話になったお礼②

社長
▼
取引先（個人宛）

謹啓　時下ますますご隆盛のこととお慶び申し上げます。
❶平素より格別のお引き立てを賜り、誠にありがとうございます。
さて、このたびは貴社のプリンター導入にあたり、❷弊社製品のお取引をご承諾いただき、厚く御礼申し上げます。

機種の決定にあたっては、梶田様の❸強力なプッシュをいただいたとのこと、大変お世話になり、厚く御礼申し上げます。

今後とも、よろしくご愛顧のほど、お願い申し上げます。

すぐにもお伺いしてお礼を申し上げるべきところですが、まずは書面にて、取り急ぎ御礼申し上げます。

貴社のますますのご繁栄、お祈り致しております。

謹白

◆言い換え例◆

❶前文の挨拶
◆日頃は格別のご愛顧を賜り、…
◆いつも格別のお引き立てをいただき、…
◆平素は特別のご高配を賜り、…
◆平素はひとかたならぬご高配にあずかり、…

❷お世話になったお礼
◆弊社の新製品にご決定いただき、…
◆弊社製品にご決定の由、…

❸助力してもらったこと
◆強い後押しがあったおかげと…
◆ご推薦があったおかげと…
◆強くご推薦いただいたおかげと…

手紙

転職する人に対するお礼

男性
▼
転職する上司

拝啓　前田課長におかれましてはますますお元気にお過ごしのご様子、お慶び申し上げます。

ご実家の家業を継がれるため、退社なさると伺い、驚きました。これまで❶課長には、たくさんのことを教えていただきました。本当にありがとうございました。よく小説などで「胸にポッカリ穴が開いたような気持ち」という表現がつかわれていますが、まさにそのような気持ちを感じております。

全く違ったお仕事に就かれるわけですが、❷バイタリティ溢れる課長なら、どんなお仕事でも欠かせぬ存在になる事と拝察しております。新天地でもぜひ、そのお力を発揮なさってください。

どうぞ、これからもよろしくご指導ください。三年間、本当にありがとうございました。ご健康をお祈りします。

敬具

ポイント

転職・転勤で同じ職場から去っていく人に対しては、これまでお世話になった感謝の気持ちを述べるようにします。また、今後のさらなる飛躍や健康を願う言葉も添えましょう。

◆言い換え例◆

❶お世話になったこと
◆課長には、この業界のイロハから教えていただきました。
◆課長には、本当にお世話になりました。
◆課長の後ろを歩くことで、多くのことを学ばせていただきました。

❷上司の人柄
◆実力派の…
◆これまでも、どんなピンチも切り抜けてこられた…
◆いつもどっしりと構え、的確な判断を下された…

ビジネス Business

はがき

転勤する人に対するお礼

男性 ▼ 転勤する上司

謹啓　時下ますますご清祥のこととお慶び申し上げます。

このたびは東京本社営業統轄部長へのご栄転とのこと、誠におめでとうございます。この前橋支店での❶素晴らしい業績を考えれば、当然のことと拝察致します。

これまで❷ひとかたならぬご厚誼を賜りながら、何のお礼もできず、そのことが申し訳なく思われます。

ここに改めて、深く感謝申し上げます。

ますますお忙しくなることと存じますが、どうかくれぐれもご自愛いただき、❸存分にご活躍くださいますようお祈りします。

謹白

◆言い換え例◆

❶実績を讃える
- ご活躍を思えば、…
- 他支店の追随を許さない営業実績を考えれば、…
- 人望厚きこと、また、たぐいまれな統率力を思えば、…

❷お世話になったお礼
- お引き立てにあずかりながら、…
- 多大なお力添えをいただきながら、…
- ひとかたならぬお世話をいただきながら、…

❸今後の活躍の期待
- ご活躍されますことを心より祈念いたします。
- さらなるご活躍を期待いたしております。

手紙

退職する人に対するお礼①

教え子 ▼ 恩師

拝啓　ようやく寒さも緩みはじめて参りました。

吉川先生には❶ますますお元気のこととお慶び申し上げます。

吉川先生が三月で定年退職なさるとうかがいました。私が先生のクラスで学んだのは、もう十五年も前のことだったのですね。
❷大学進学の際には、本当にお世話になりました。今でも先生の親身のご指導に、感謝しております。
なお、ささやかではありますが、先生の定年退職を祝う会を計画しております。また、あらためてお電話なりでご都合を伺うかと思いますが、よろしくお願い致します。

本当にお疲れ様でした。そして、ありがとうございました。

敬具

◆言い換え例◆

❶前文の挨拶
◆いよいよご健勝の由、なによりと存じます。
◆ますますお健やかなこととお慶び申し上げます。

❷お世話になったお礼
◆大学進学の際には温かなご指導、ありがとうございました。
◆就職の際には、ひとかたならぬお世話になり、ありがとうございました。
◆私の就職がスムーズに決まったのは、ひとえに先生のお力添えがあったからこそと、感謝致しております。

手紙

退職する人に対するお礼②

男性
▼
退職する先輩

早いもので、片山さんと営業のコンビを組んで、もう七年になろうとしています。

片山さんがこの二月末で定年退職されてしまうとは、とても信じられません。

❶右も左も分からなかった私を今日まで育ててくださって、本当にありがとうございました。

来月からは、去年入った内野と一緒に営業に出ます。寂しい気持ちでいっぱいですが、そろそろ独り立ちして後輩を育てろということでしょうか。それでも私は、❷まだまだ片山さんに教えていただきたいことが、たくさんあったように思います。

片山さんのさらなるご発展とご健康をお祈り致します。

敬具

ポイント

定年退職者にはとくに、大過なく勤めあげたことに対する「お疲れ様」の心を添えて、お礼を述べます。在職中にお世話になったお礼は、できるだけ具体的に書きましょう。健康を願う言葉も忘れずに。

◆言い換え例◆

❶お世話になったお礼

◆まったくの素人だった私をここまで育てていただき、…

◆はじめは自分がなにをやっているのかさえわからなかった私に、一から教えてくださいまして、…

❷名残惜しさを伝える

◆もうしばらく○○さんに、いろいろ教えていただきたかったと思っています。

◆○○さんから、もっともっと学びたかったと思っています。

はがき

退職に際してのお礼

退職者
▼
取引先の担当者

拝啓　貴社にはますますご清栄のこととお慶び申し上げます。

さて、一月十五日付をもちまして、ＮＷＡ株式会社を定年退職いたしましたことを、ご報告申し上げます。

四十年間大過なく勤め上げることができましたのも、斉藤様の❶多大なお力添えがあったからこそと、心より感謝致しております。
❷今後は地域ボランティアに力を入れようと考えております。
どうぞ従前と変わらぬご厚誼、ご指導をお願い申し上げます。

本来ならば、拝趨の上で御礼を申し上げるべきところ、まずは略儀ながら書中をもってご挨拶申し上げます。

敬具

ポイント
退職や転職は人生の大きな節目。それまでお世話になった人に、お礼状を書きましょう。ビジネスの場面ではやはり儀礼的な表現も必要ですが、個人的な感謝の言葉も添えましょう。再就職先が決まっていれば、それも伝えます。

◆言い換え例◆

❶お世話になったお礼
- 並々ならぬご支援のおかげと…
- ひとかたならぬ激励を頂戴したおかげと…
- 身に余るご芳情のおかげと…

❷今後の抱負
- 四月からは、念願の英会話スクールに通います。
- 今後は地域の囲碁クラブで、大好きな囲碁を楽しもうと思います。

ビジネス Business

手紙

転職に際してのお礼

転職者
▼
取引先の担当者

拝啓　初秋の候

貴社にはますますご盛業のこととお慶び申し上げます。

このたび、一身上の都合により、九月十日付で川村建設株式会社を円満退社致しました。在職中は❶公私ともに格別のご厚情を賜り、厚く御礼申し上げます。七年半という在職の間、柿崎様にいろいろご指導いただいたおかげで、大過なく過ごすことができました。

十月からは❷建設業界の営業で得たノウハウを生かし、父が地元福岡で経営している小さな工務店を継ぐことが決まっております。

今後ともよろしくご指導くださいますようお願い申し上げます。

❸まずは書中にて、ご挨拶申し上げます。

敬具

◆言い換え例◆

❶お世話になったお礼

◆公私ともにご愛顧にあずかり、…

◆格別のご厚情を賜りましたこと、…

◆公私ともにご指導いただきまして、…

❷今後の決意

◆この七年半の間に学んだことを基盤に、…

◆在職中ご指導いただいた経験をもとに、…

◆教わった数々を生かし、…

❸末文の挨拶

◆まずは右、御礼かたがたご報告とさせていただきます。

◆略儀ながら書中をもって、ご報告申し上げます。

◆まずは書面をもちまして、御礼とご報告申し上げます。

人づき合いのマナーQ&A

Q お願いしたことがこちらの望み通りに運ばなかったときもお礼状は必要？

A もちろん必要です。お世話してくれた人はさまざまな手配をしてくれたはずですから、感謝の気持ちをきちんと伝えましょう。

また、望み通りにいかなかったからといって、相手の悪口や愚痴などは書かないようにします。お世話してくれた人も気まずい思いをしているはずですから、責任を感じさせるような言葉は避けましょう。

Q お礼状と一緒にお礼の品を贈りたいのだけれど……。

A 時と場合によります。遺失物を届けてもらった場合などは、すぐにお礼の品を送ってかまいませんが、お世話になった直後に送るのは、事務的な印象を与えがち。まずは先にお礼状を出し、相手が少し落ち着いてからお礼の品物を贈ってもよいでしょう。

Q 親の紹介でお世話になった場合のお礼状は誰が書く？

A 入学や就職、結婚などで親を経由してお世話になった場合、先に親からお礼状を出したとしても、本人からも出すようにしましょう。会話の内容や、相手の印象など、なるべく自分の言葉で書くようにします。

Q 仕事上のおつき合いの人へのお礼状は、あくまで儀礼的に書く？

A あまりにくだけすぎては失礼ですが、逆に儀礼的すぎても心が伝わりません。

お願いした内容や相手との関係を考慮して、感謝の言葉や具体的なエピソード、嬉しかったことなどを書くと喜ばれるでしょう。

第5章

頼みごとに関するお礼状

頼みごとに関するお礼状のマナー

結果がまだ出なくても経過の報告を

就職や転職など、お世話をしてくれた人にとって、その後の経過はとても気がかりなもの。紹介をしてもらったときは、すぐにお礼状を書くようにします。縁談などの場合、すぐに結果が出ないこともありますが、「結果が出てから」と先延ばしにするのは避けましょう。お礼の言葉とともに経過や現在の心境を、なるべく詳しく報告します。

思わしくない結果でも必ずお礼を

就職先の紹介などで、結果が思わしくなかったときや、せっかく紹介してもらったのに、断らざるを得なかった場合でも、必ずお礼状を出すようにしましょう。期待に応えられなかったおわびの言葉とともに、お世話をしてくれたことへの感謝の気持ちを添えるようにします。

感謝の気持ちだけでなく恐縮の気持ちも

頼みごとは時として、引き受けてくれた相手にも重大な責任が伴うもの。その点をしっかりと自覚して筆をとりましょう。借金の申し入れを承諾してもらったり、身元保証人を引き受けてもらったときは、感謝だけでなく恐縮の気持ちも精一杯表します。

前文

❶秋たけなわの今日この頃、お健やかにお過ごしのことと存じます。

❷先日は森田病院の森田先生をご紹介いただきまして、ありがとうございました。

❸木島先生にお書きいただいた紹介状を持って病院に出向きましたところ、すぐに診ていただくことが

❖手紙の基本文例❖ 女性 ▶ 医師

主文

できました。
森田先生はとてもおやさしい先生で、ほっとしたと同時に、感謝の気持ちでいっぱいです。
おかげさまで、病状も軽い神経性の胃炎ということで、

末文

ひと月ほどの通院ですみそうです。
❹朝晩、めっきり涼しくなりましたので、木島先生もお風邪などひかれませぬよう。
あらためてご挨拶に伺うつもりでおりますが、とりあえず書面にて、お心づかいへのお礼とご報告、申し上げます。

十月八日

矢野健二

木島康隆先生

構成

❶季節の挨拶
❷お世話になったことへの感謝の言葉
❸結果の報告
❹相手の健康への気くばりを一言

Column

頼みごとの手紙を書くポイントは?

他人に物事を頼む文面ですから、たとえ親しい相手であっても謙虚な姿勢と誠実な言葉づかいを心がけましょう。

また、お金に関するお願いなどは、はがきではなく手紙に書くようにしましょう。

手紙

協力会社を紹介してもらったお礼

男性
▼
取引先（個人宛）

拝啓　納涼の候　貴社ますますご隆昌のこととお慶び申し上げます。
平素は格別のご高配に預かり、厚く御礼申し上げます。
このたびは株式会社赤城印刷の
土屋博史様をご紹介いただき、誠にありがとうございました。
早速、急ぎの仕事を二本、お願いいたしました。
土屋様は、この道二十年のベテランとのこと。さすがに仕事の
手際も見事なもので、仕事も順調に流れており、私も
勉強させていただくことが多くございました。
❶ひとえに松原様のお力添えがあってのことと、
大変感謝いたしております。
❷今後ともよろしくご指導、ご鞭撻のほど、お願い申し上げます。
後日あらためてお伺いする所存ではございますが、取り急ぎ書面を
もちまして、ご報告かたがた御礼申し上げます。
敬具

ポイント

仕事上で紹介を受けたときは、結果を報告するお礼状を出すようにします。うまくいったときは、紹介してくれたおかげでどれほど助かったかなどを具体的に書きましょう。感謝の言葉とともに、今後のおつき合いやお力添えをお願いすることも忘れずに。

◆言い換え例◆

❶相手の厚意へのお礼
- ○○様にはなんとお礼を申せばよいのかわかりません。
- ○○様のご厚情には、心より感謝申し上げます。

❷今後のお願い
- 今後もお力添えをくださいますよう、よろしくお願いいたします。
- これからもあたたかいご教示、ご支援を賜りますよう、お願い申し上げます。

手紙

執筆者を紹介してもらったお礼

男性 ▼ 取引先（個人宛）

拝啓　新緑の候、ますますご清祥のことと存じます。

過日は歴史作家の中村先生をご紹介いただき、誠にありがとうございました。

早速お会いして、弊社月刊誌『新・歴史探訪』の新企画をご説明申し上げたところ、❶連載のお仕事をお引き受けくださるとのご返事をいただきました。

おかげさまで八月号からの新企画の「核」が決まりました。
❷大室様のご厚情のおかげと、大変感謝いたしております。
今後も何かとお力添えをいただければ幸いです。

まずは取り急ぎ、御礼とご報告まで。

敬具

◆言い換え例◆

❶結果の報告
- ご快諾いただきました。
- 快くお引き受けいただきました。
- ご了承のお返事をいただきました。

❷相手の厚意へのお礼
- ○○様にご紹介いただいたおかげです。心より御礼申し上げます。
- ○○様のお人柄と、日ごろのおつき合いの賜物と、心より感謝しております。
- ○○様のご助力のおかげと、厚く御礼申し上げます。

手紙

講演承諾に対するお礼

女性
▼
講演者

謹啓　清涼の季節、高橋長久先生におかれましては、ますますご壮健のこととお慶び申し上げます。

このたびはご多忙のところ、弊社社員研修の一環である「製造業の未来について」の❶ご講演をお引き受けいただき、誠にありがとうございます。

❷高橋先生のご高説を賜る機会を得、社員一同感激しております。

当日のプログラムを同封させていただきましたが、ご不明の点などございましたら、総務部武藤宛にご照会くださいますようお願いいたします。

それでは、❸右ご高配のほど、よろしくお願い申し上げます。

季節の変わり目ですので、どうぞご自愛くださいませ。

謹白

ポイント

講演や執筆を引き受けてもらったときは、返事のあったとき、講演が終了したときにそれぞれ出すようにしましょう。依頼の際に日時や内容については連絡済みのはずですが、確認のため、プログラムなども同封するとよいでしょう。

◆言い換え例◆

❶承諾へのお礼
◆ご講演のお願いをご快諾いただき、…
◆ご講演について、早速ご了承の由、…

❷講演への期待
◆先生のお話を直接伺えるということで、関係者一同大変喜んでおります。

❸末文の挨拶
◆謹んで、よろしくお願い申し上げます。

手紙

執筆承諾に対するお礼

男性
▼
執筆者

謹啓　時下、ますますご清祥のことと存じます。
　このたびは弊誌『月刊環境』に玉稿を賜りまして、
誠にありがとうございました。
　お忙しいところ、❶原稿執筆をご快諾いただき、また、早々と
お送りいただきまして、厚く御礼申し上げます。
　先生のお書きくださった原稿は、特集ページのトップに
掲載させていただきます。おかげさまで特集全体がピリッと
引き締まるかと存じます。
　見本誌が刷り上がりましたら、早急にお送りさせていただきます。
❷今後とも、ますます『月刊環境』にお力添えを賜りますよう、
お願い申し上げます。
　取り急ぎ、書中をもちまして御礼申し上げます。

謹白

◆言い換え例◆

❶承諾へのお礼
◆原稿のご執筆をお引き受けくださり、誠にありがとうございました。早々に原稿をお送りいただき、感謝の念でいっぱいでございます。

❷今後の交誼を願う言葉
◆今後も引き続きご支援、ご指導賜りますようお願い申し上げます。
◆今後とも変わらぬお引き立てを賜りますよう、よろしくお願い申し上げます。

手紙

就職先を紹介してもらったお礼①

学生

▼

教授

春のきざしを少しずつ感じるころとなりました。

松村先生にはますますお忙しい日々をお過ごしのことと思います。

このたびは私の就職に際し、❶大変親身にご指導をいただき、本当にありがとうございました。
❷おかげさまで本日、正式に採用通知をいただきました。
大変うれしく思い、ここにご報告申し上げます。

来月から早速研修に入りますが、念願の旅行業務ですので、全力で頑張ります。

どうぞ今後ともご指導、ご鞭撻のほど、よろしくお願い致します。

まだまだ寒さ厳しき折、先生のご健康をお祈り致します。

取り急ぎ、お礼とご報告を申し上げます。

ポイント

就職先を紹介してもらったときは、結果がわかり次第報告するようにします。うまくいった場合は仕事にかける意欲や決意を述べ、思い通りの結果にならなかった場合は、こちらの力不足もあり、努力が足りなかったことを反省する文面を心がけましょう。

◆言い換え例◆

❶お世話になったお礼

◆多大なお力添えをいただき、誠にありがとうございました。

◆ひとかたならぬお世話をいただき、ありがとうございました。

❷結果の報告

◆残念ながら今回は、私の力不足で不採用という結果に終わりました。○○先生にお力添えをいただきながらこのような結果に終わり、誠に申し訳なく思っております。

はがき

就職先を紹介してもらったお礼②

男女 ▼ 知人

謹啓　北村様にはますますご健勝のこととお慶び申し上げます。

このたびは私の再就職に際し、ひとかたならぬご尽力をいただき、誠にありがとうございました。

本日、東海印刷様の面接に伺いましたが、浅川社長様ご本人にお会いでき、その場で採用が決まりました。

❶北村様のご尽力のおかげと、心より感謝申し上げます。

❷ご厚情に報いますよう、一生懸命勤める所存でございます。

今後ともよろしくご指導のほど、お願い申し上げます。

まずはお礼とご報告を申し上げます。

謹白

◆言い換え例◆

❶お世話になったお礼

◆○○様にご丁重なる紹介状をいただいたおかげと、…

◆○○様のお口添えのおかげと、…

◆○○様のお力添えの賜物と、…

◆○○様の紹介状のおかげで、…

❷今後の抱負

◆ご厚情に報いるため、全力で仕事に精進してまいる所存でございます。

◆ご恩にお応えできますよう、誠心誠意仕事に励んでまいりたいと思います。

◆紹介した甲斐があったとお喜びいただけるよう、頑張ってまいります。

手紙

宿泊先紹介のお礼

女性
▼
親しい友人

祥子さん、お元気でいらっしゃいますか。
❶このたびは急なお願いにもかかわらず、とても素敵な宿をご紹介くださって、ありがとうございました。
仕事柄、あちこち飛び回っていますが、富山県ははじめてでした。どこの宿にしようか悩んでいたときに、たしか祥子さんが富山のご出身であったことを思い出し、お電話させていただきました。

『富岳館』は、❷趣のある、本当に素晴らしいお宿でした。祥子さんの同級生という若女将さんにもよくしていただき、おかげさまで❸とてもよい旅行になりました。大変感謝しています。

今度、ぜひお会いしましょう。お礼に食事をごちそうさせてください。ありがとうございました。

ポイント

よい宿泊先を紹介してもらったときは、宿の印象やおもてなしの内容などを、なるべく具体的に書くようにしましょう。

◆言い換え例◆

❶お世話になったお礼
◆先日はお忙しい中、いい旅館を教えてくださり、…
◆このたびは、宿の紹介の件でお世話になり、…

❷宿泊先の様子
◆伝統的なたたずまいで、…
◆古式ゆかしい荘厳な建物で、…

❸滞在の感想
◆いい休暇を過ごすことができました。
◆思い出深い旅となりました。

手紙

借り住まい紹介のお礼

母親
▼
知人

一筆申し上げます
だいぶ春めいて参りました。
西山様にはお元気のこととお慶び申し上げます。
このたびは、息子の借り住まいをお世話いただき、本当にありがとうございました。
❶おかげさまで昨日、無事、引っ越しを済ませました。❷オーナーの青柳様ご夫妻は、大変おやさしそうな方々で、きっと息子の大学生活を、いろいろな面でお助けくださることとありがたく存じました。
❸西山様にはすっかりお世話になりました。
月が改まりましたら主人と一緒に伺いたいと存じますが、取り急ぎ書中にてお礼申し上げます。

かしこ

◆言い換え例◆

❶結果の報告
◆お部屋も広く、本人も大変気に入ったと申しておりましたが、家賃が予算を超えておりましたので、今回はお断りすることにしました。せっかくご紹介していただいたのに、申し訳ございません。

❷借り部屋の印象
◆部屋は日当たりもよく、大家さんも大変気さくな方で、安心しました。
◆駅からも近く、防犯も万全なので一安心です。

❸相手の厚意へのお礼
◆いいお部屋を紹介していただき、大変助かりました。

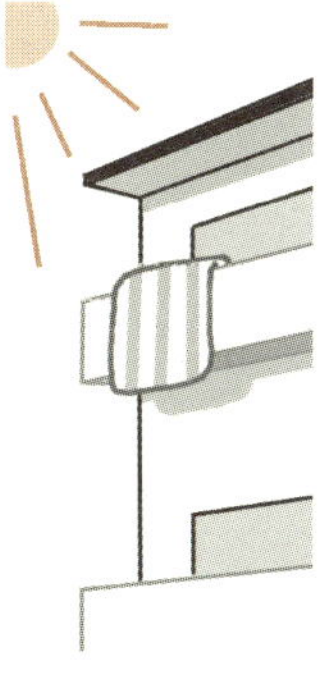

手紙

引っ越しのお手伝いのお礼①

女性 ▼ 知人

前略ごめんください

　このたびの我が家の引っ越しに際し、
中谷さんご夫婦には、本当にお世話になりました。
❶ギリギリまで片付かず途方に暮れましたが、
おかげさまで予定よりも早く終わらせることができました。
中谷さんの陣頭指揮のおかげと、主人ともども
大変感謝いたしております。
❷隣の県ですし、こちら方面へおいでになる時は、
ぜひお立ち寄りください。
❸今後ともよろしくおつきあいをお願いいたします。
　別便で当地のお菓子をお送りいたしました。
どうぞ皆様で召し上がってください。
まずはお礼まで。

ポイント

引っ越し作業はハードなもの。そのお手伝いを引き受けてくれた相手の労をねぎらい、どれほど助かったかを素直に書くようにします。これまでのおつき合いに感謝しつつ、これからもよい関係でいてほしいといったことを書き添えるのもよいでしょう。

◆言い換え例◆

❶感謝の言葉
◆やはり若い方は違いますね。大きな荷物がどんどん片付いて、本当に助かりました。

❷来訪の誘い
◆漁港も近く、お魚もおいしいとのことですので、ぜひお出かけください。

❸今後のおつき合いを願う言葉
◆少し遠くなってしまいましたが、これからもよいお友達でいてください。

手紙

引っ越しのお手伝いのお礼②

女性 ▼ 甥

武くん、もう大学の授業は始まりましたか。

先日は春休み中とはいえ、引っ越しのお手伝いをしていただき、ありがとうございました。おじさんに突然海外出張が入ってしまい、泣きそうになるくらい困っていました。
❶だから本当に大助かり、感謝感激でした。
❷業者さんが来るまでに荷物がまとまったのは、武くんの奮闘のおかげです。
「武くんの大車輪の活躍のおかげで引っ越しができた!」と、国際電話でおじさんに言っておきました。おじさんが帰ってきたら、
❸新居にご招待して、うんとごちそうしますね。お楽しみに!
少額だけれど、図書カードを同封します。
お勉強に役立ててください。
お父さん、お母さんにもどうぞよろしく。まずはお礼まで。

◆言い換え例◆

❶感謝の言葉
- ○○くんがいなかったら、家具の間に座り込み、途方に暮れていたことでしょう。

❷お手伝いへの感謝
- ○○くんの作業が手早いおかげで、荷造りがあっという間に終わりました。
- こんなときは、やはり男性ですね。
- 要領のよさにびっくり。

❸返礼の約束
- ○○くんの大好きな野球観戦に連れて行ってもらうね。
- 豪華なアメリカ土産を送りますね。

手紙

留め袖を借りたお礼

女性
▼
目上の知人

かたかった桜のつぼみも、ようやくほころび始めました。
直子さんにおかれましてはお元気でお過ごしのことと存じます。
このたびは、❶急なお願いにもかかわらず、大切な留め袖を
お貸しいただきまして、本当にありがとうございました。
おかげさまで、滞りなく娘の結婚式に参列することができました。
留め袖の見事な模様には、着物に詳しい新郎のお母様からも
お褒めの言葉をいただき、
直子さんのお目の高さには、あらためて感心いたしました。
❷クリーニングから戻りましたら、お返しにうかがいます。
まずは取り急ぎ、書面にてお礼申し上げます。
かしこ

ポイント

物を借りたときは、つかったらすぐにお礼状を書きましょう。その際、いつごろ返却できるかを書き添えると、相手も安心します。着物やドレスなどを借りた場合は、周りの評判などを書き添えるようにしましょう。

◆言い換え例◆

❶恐縮する気持ち
- 厚かましいお願いにも…
- 勝手なお願いにも…
- 突然のお願いにも…

❷返却の予定
- クリーニングが済み次第、すぐにご返却させていただきたく思います。
- 来週末に、お送りさせていただきたいと存じます。
- 月末あたりにご返却いたしたいと考えております。

手紙

資料を借りたお礼

学生 ▼ 教授

謹啓　❶このたびは藤田先生ご所蔵の大変貴重な資料をお貸しいただき、本当にありがとうございました。

おかげさまで、卒業論文を仕上げることができ、本日、教務部の窓口に提出して参りました。❷一時は行き詰まって途方に暮れましたが、何とか期日までに完成できたのは、すべて先生のおかげと大変感謝いたしております。

お借りした際にいただいたご指導も大変ありがたく存じました。

週が明けましたらご都合を伺い、ご返却に上がりたいと考えておりますが、❸まずは書面にて、ご報告と心からの感謝を申し上げます。

敬具

◆言い換え例◆

❶相手の厚意への感謝
- 先日は突然のお願いにもかかわらず、大切な資料を拝借させていただき、ありがとうございました。

❷困っていたこと
- 何を参考にすればよいのかわからず、困り果てておりましたが、…
- どうしても結論がまとまらず、悩み続けましたが、…

❸末文の挨拶
- まずは書中にて、ご報告と御礼申し上げます。
- まずは書中をもって、ご報告と感謝申し上げます。
- 取り急ぎご報告と、深謝申し上げます。

手紙

ホール借用のお礼

社長
▼
取引先の社長

謹啓　仲春の候、貴社いよいよご清栄のこととお慶び申し上げます。
❶平素は格段のご支援、ご厚情を賜り感謝申し上げます。
さて、過日、弊社新人研修の折には、
貴社のホールをお貸しいただき、誠にありがとうございました。

おかげさまで、❷とどこおりなくスケジュールを進行することができました。厚く御礼申し上げます。

なにとぞ、今後ともより一層のご愛顧を賜りますよう、お願い申し上げます。

まずは略儀ながら書中をもちまして、御礼申し上げます。

謹白

ポイント

ビジネスシーンではとくに、「すみやかに返却、すぐにお礼状」を心がけましょう。借りたものがどんな場面でどのように役に立ったのか、なるべく具体的に書くようにします。もちろん、今後の交誼をお願いする文言も忘れないようにしましょう。

◆言い換え例◆

❶前文の挨拶
- 平素は格別のご愛顧を賜り、……
- 日頃は格別のご厚情にあずかり、……
- いつも特別のお引き立てをいただきまして…

❷結果報告
- 無事に研修を終えることができました。
- プログラムを計画通り実行できました。

ビジネス Business

手紙

資材借用のお礼

社長
▼
取引先

拝啓　初夏の候、いよいよご清栄の由、お慶び申し上げます。

先日は緑町三丁目の工事現場におきまして、ショベルローダーをお借りできましたこと、❶謹んで御礼申し上げます。弊社のショベルカーを積んだトラックが事故に巻き込まれ、予定を遅らせるわけにもいかず困っておりました。

しかし、❷御社のご厚意のおかげで、当日予定しておりました土砂の移動ができました。誠にありがとうございました。

❸後日改めましてご挨拶に伺う所存でおりますが、まずは書中をもって御礼申し上げます。

敬具

◆言い換え例◆

❶借用のお礼
- 心より感謝いたしております。
- 厚く御礼申し上げます。
- 深謝申し上げます。

❷相手の厚意へのお礼
- 貴社のご親切の…
- 貴社のご厚意に甘えさせていただいた…
- 御社が急なお願いをお聞き届けくださった…

❸末文の挨拶
- 日を改めて直接お伺いさせていただきますが、…
- 近々改めてご挨拶にお伺いしたいと存じますが、…
- 後日、あらためてご挨拶に伺う所存でございますが、…

手紙

借金のお礼①

女性
▼
親しい友人

先日はこちらの❶無理なお願いをお聞きいただきありがとうございました。

家を出るときは、鞄に財布が入っていることを確認したのですが、途中で落としてしまったようです。

おかげさまで急場をしのぐことができました。

重ねてお礼申し上げます。

❷なお、お借りしたお金は、すぐにでもお返しすべきなのですが、お電話でのお言葉に甘えて、今月末の定例会でお会いするときにお返しさせていただきます。

まずはお礼まで。ありがとうございました。

ポイント

金銭の借用に対するお礼状は、丁寧な言葉づかいを心がけましょう。本来ならすぐにでも返すべきですが、あらかじめ返済日を決めている場合は、その日に必ず返却することを伝えます。また、断られた場合でも必ずお礼をしましょう。

◆言い換え例◆

❶借金のお礼

◆突然のお願いをお聞きいただき、本当にありがとうございました。

◆大変身勝手なお願いをお聞き入れいただき、心よりお礼申し上げます。

❷返済について

◆返済につきましては、お約束した期限を必ず守りますので、しばらくご猶予くださいますようお願い申し上げます。

手紙

借金のお礼②

妻
▼
夫の両親

過日は、娘 絵里子の交通事故の入院にあたり、勝手なお願いをお聞き届けいただきまして、ありがとうございました。
自宅を改築した直後で、どうしても費用を捻出することができず、お父様とお母様には❶大変ご迷惑をおかけしてしまい、申し訳ございませんでした。でも、ほんとうに助かりました。
❷ご用立ていただいた入院費ですが、来月中旬にはお返しできると存じますので、いましばらくの日時をお願いします。
おかげさまで絵里子も全快し、現在は元気に学校に通っておりますのでご安心ください。
❸季節の変わり目、お体にはお気をつけくださいますよう。
まずはお礼かたがたお願いまで。

かしこ

◆言い換え例◆

❶借金のおわび
- ご迷惑をおかけいたしましたことを、深くお詫びいたします。
- 多大なご心痛をおかけ致しまして、申し訳ございませんでした。

❷返済について
- お借りしたお金は、来月の末日までには返済する心積もりです。
- 来月にはボーナスが入りますので、そのときに全額お返しいたします。

❸相手を気遣う言葉
- 日ごと寒さがつのってまいりましたが、風邪など召さぬよう、お身体を大切にお過ごしください。
- 朝夕の冷え込みも厳しくなってまいりましたが、くれぐれもご自愛くださいませ。

手紙

借金のお礼③

社長 ▼ 親しい友人

拝啓　山口様にはますますご健勝のご様子、お慶び申し上げます。

　このたびは誠に勝手なお願いをいたしましたにもかかわらず、❶ご承諾いただきましたこと、心より御礼申し上げます。

お陰様で、ようやく店舗のリフォームに着手できます。
❷なお、ご用立ていただきましたお金は、期日までに必ずお返しいたしますので、今しばらくご猶予賜りたくお願い申し上げます。
　近々、あらためましてご挨拶に伺う所存でございますが、取り急ぎ書面にて御礼申し上げます。

　末筆ながら、奥様にもくれぐれもよろしくお伝えくださるようお願い申し上げます。

敬具

ポイント

金銭の借用は、プライベートに限らず、ビジネスシーンにおいてもありうるケースです。ビジネスでのお礼状は儀礼的な形式で書いたほうがよいでしょう。万が一、返済が遅れる場合は、正直に事情を説明し、具体的な返済日を明記します。

◆言い換え例◆

❶借金受諾に対するお礼
◆ご快諾いただきましたこと、厚く御礼申し上げます。

❷返済について
◆拝借いたしましたお金は、お約束の日には必ずお返しいたします。
◆急場をお助けいただいたうえに、誠に申し上げにくいのですが、ご返済日につきまして、あと一週間のご猶予をいただけないでしょうか。

手紙

借金のお礼④

社長
▼
知人の社長

拝啓　春陽の候、貴社ますますご躍進のこととお喜び申し上げます。
このたびは、弊社の無理なお願いに際しましてご快諾賜り、厚く御礼申し上げます。
❶金融機関からの融資の実行日が来月になった関係で、御社に勝手なお願いを申し上げることになり、深くお詫び申し上げます。
なお、ご都合を賜りました金額につきましては、❷金融機関の融資が実行され次第、御社にご入金させていただきますので、しばらくお待ちくださいませ。

まずは書中にて、御礼とお願いを申し上げます。

敬具

◆言い換え例◆

❶借金の事情説明
- 売上の入金日が祝日にあたってしまいまして、…
- まとまった入金が月初になってしまった関係で、…
- 予定していた入金が遅れてしまい、…
- 取引先からの入金が今月下旬になってしまうという状況で、…
- 取引先の決済が三カ月後になってしまいましたため、…

❷返済の予定
- 売上の入金日が○月○日ですので、…
- 予定資金の入金が来週の○曜日ですので、…
- 取引先からの入金が○日ですので、…
- まとまった入金が○日になりますので、…

手紙

保証人承諾のお礼①

女性 ▼ 叔母

拝啓　春風のさわやかな季節となりました。
叔母様にはお変わりないことと存じます。
　さて、一昨日はアパートの
賃貸契約保証人のお願いにつきまして、
❶お引き受けのお手紙をいただき、ありがとうございました。
アルバイトも始めますし、保証人になっていただく以上は、
❷ご迷惑をおかけすることのないようにいたします。
どうぞ叔父様にもよろしくお伝えください。
取り急ぎお礼まで。
かしこ

ポイント

保証人は、引き受ける側にとって大きなリスクを伴います。保証人を受諾する旨の返事をくれた人には、親しい間柄であっても形式的に書き、時候の挨拶なども添えましょう。また、相手を安心させるために、これ以上の負担をかけないことを約束する決意を伝えます。

◆言い換え例◆

❶保証人受諾のお礼
◆ご快諾賜り、誠にありがとうございました。
◆ご了承いただき感謝申し上げます。
◆ご承諾賜り感謝申し上げます。

❷今後の決意
◆ご厚情にそむかぬよう、精励いたします。
◆決してご迷惑をおかけしないよう努力いたします。

手紙

保証人承諾のお礼②

妻▼夫の両親

謹啓　新緑の美しい季節になりました。
お父様、お母様には益々お元気のこととお慶び申し上げます。
さて、昨日お手紙で❶保証人をご承諾いただきまして、
ありがとうございました。
住宅ローンの融資が、今日実行されましたのでご報告いたします。
お父様とお母様のご協力があってできたことと、❷夫婦ともども
感謝の気持ちでいっぱいです。また、これ以上は
お二人にご負担をおかけしないよう、今まで以上に夫婦で
協力して頑張ろうねと励まし合いました。
本来なら、直接伺ってお礼を申し上げるべきところですが、
お手紙で代えさせていただきます。
なお、契約書の保証人様控えを同封させていただきました。
お二人のご健康とご多幸を心よりお祈り申し上げます。　敬具

◆言い換え例◆

❶保証人受諾のお礼
◆保証人をお引き受けいただき、…
◆保証人になっていただけるとのこと、…
◆ご無理なお願いにもかかわらず、ご快諾賜り、…
◆手前勝手なお願いごとをお聞き届けくださいまして、…
◆ご迷惑な依頼をご承引くださいまして、…

❷感謝の言葉
◆心より感謝申し上げます。
◆ご厚情、深く感謝いたしております。

手紙

保証人承諾のお礼③

社長 ▼ 取引先の社長

謹啓　爽秋の候、貴社ますますご清栄のこととお慶び申し上げます。

平素は格別のご高配を賜り、厚く御礼申し上げます。

さて、このたびは保証人という❶ぶしつけなお願いにもかかわらず、ご承諾賜り深く感謝申し上げます。

大変厚かましいお願いとは承知で、ほかに頼れる方もおらず、工藤社長にお願いを申し上げた次第です。弊社はこれからもいっそう社業に精励し、工藤社長のご厚情に背かぬよう努力して参ります。

今後とも、❷ご指導、ご鞭撻を賜りますよう、よろしくお願い申し上げます。

まずは書中にて御礼とお願いを申し上げます。

敬白

ポイント

ひと口に保証人といっても、身元保証人や連帯保証人など種類はさまざま。ビジネスシーンにおいては取引先に保証人をお願いして、金融機関から融資を受けることも多くあります。文面は儀礼的になりますが、感謝の気持ちと今後の決意、厚誼のお願いなども書き添えます。

◆言い換え例◆

❶恐縮する気持ち
- 勝手なお願いにもかかわらず、…
- 手前勝手なご依頼にもかかわらず、…

❷今後の厚誼を願う言葉
- 変わらぬお力添えをお願い申し上げます。
- ご支援のほどをよろしくお願い申し上げます。
- 変わらぬご愛顧のほど、よろしくお願い申し上げます。

手紙

保証人承諾のお礼④

社長 ▼ 取引先の社長

謹啓　秋涼の候、貴社におかれましては益々ご隆盛のこととお慶び申し上げます。

さて、お手数をお掛けしておりました❶融資が実行されましたので、ご報告申し上げます。これで、弊社もようやく新規事業への第一歩が踏み出せます。

これもひとえに貴社のご厚情のおかげと感謝いたしております。

なお、本日取り交わした契約書の保証人様控えを同封させていただきますのでご査収ください。

今後は、❷貴社にご迷惑が一切かからないよう返済していく所存です。

本来なら、参上して御礼申し上げるべきところですが、取り急ぎ書中をもって御礼に代えさせていただきます。

貴社のますますのご繁栄と従業員の皆様のご多幸を心よりお祈りいたします。

敬具

◆言い換え例◆

❶結果の報告
- 融資が希望どおり可能になりましたのでご連絡申し上げます。
- 交渉が実現に至りましたのでご報告させていただきます。
- 案件が可能になりましたので、早速ご連絡申し上げます。
- ○○の件につき、無事に手続きが完了いたしましたのでご報告申し上げます。

❷今後の決意
- 貴社にご迷惑の及ぶことのないよう、これまで以上の努力をしていく所存です。
- 諸般に万全の注意を払い、社業に取り組んでいく覚悟でおります。
- 社業を第一に、十分身を処していく所存でございます。

頼みごとのマナー Q&A

Q 借りた物を返すときに気をつけたいマナーは？

A 返却時に気をつけるマナーは、借りた物によって異なります。以下、品物別に気をつける点を紹介します。

●衣類
必ずクリーニングに出してから返しましょう。

●車
ガソリンを満タンにし、きれいに洗車してから返します。

●ベビー用品
お礼状に、お子さんが喜びそうなギフト用お菓子などを添えて。

Q ビジネス関連のお礼状は自筆？ それともパソコン？

A 今はパソコンが主流ですので、ビジネスの場合、パソコンでもよいでしょう。ただ、注意したいのは儀礼的になりすぎないこと。パソコンのお礼状は形式的で堅い表現になりがちですが、大切なのはお願いもお礼も、すべて「丁寧に心をこめて書く」ということ。無理に背伸びをせず、自分の言葉でよいのです。相手への感謝を素直な気持ちで書いて、真心を伝えてください。

Q 依頼が断られた場合は？

A 相手の事情によっては、依頼を聞き入れてもらえない場合があります。たとえ断られても、はがきや手紙などで、相手に負担を与えたことをおわびしましょう。

Q 依頼を断るときに気をつけたいマナーは？

A 依頼を手紙で断る場合、できるだけ早めに返事を出すようにしましょう。その後の関係も考え、相手を傷つけないように、自分の都合で断らざるを得ないことを明確に伝えることが大切です。「希望に添えず申し訳ない」「今後もおつき合い願いたい」など、相手を気遣う言葉を添えることを忘れないようにしましょう。

第6章

お見舞いに関するお礼状

お見舞いに関するお礼状のマナー

報告だけでなく感謝の気持ちも忘れずに

お見舞いに関する手紙には、病気見舞いや事故見舞い、災害見舞いなどがあります。

お見舞いをくれた人やお見舞いにきてくれた人は大変心配しているわけですから、退院後、なるべくすぐにお礼状を出すようにしましょう。経過報告のほか、感謝の気持ちを添えることが大切です。

前向きな内容で丁寧に今後の決意表明も

わざわざお見舞い状を書いてくれた相手の心遣いに応えるよう、心をこめて丁寧に感謝の気持ちを書きましょう。心配に拍車をかけてしまうような内容はできるだけ避けます。前向きな内容となるよう心がけ、状況があまりよくない場合でも、悲観的な書きかたは避けるようにします。

また、相手の厚意に応えるため、今後の決意を書くとよいでしょう。

前文

❶拝復　❷春たけなわの季節となりました。

❸樋口様には、その後もお元気のことと思います。

❹このたびは、ご丁寧なお見舞いをいただきまして、まことにありがとうございました。

❺樋口様をはじめ、皆様には大変な迷惑をかけてしまい、心苦しく思っております。

❖手紙の基本文例❖

男性 ▶ 目上の知人

主文

❻幸いにも過労という診断で大事には至らず、入院も二週間程度ですむようです。

この半年間は仕事が忙しく、知らず知らずのうちに体に負担がかかっていたようです。

末文

樋口様には何かとご心配をおかけしましたが、これからは健康を第一に考えて生活していくつもりです。

❼今後とも変わらぬお付き合いのほど、何とぞよろしくお願い申し上げます。季節の変わり目でございますので、くれぐれもご自愛ください。

まずは、お礼まで。

敬具

平成二十一年四月十五日

神田弓彦

樋口健一様

構成

❶頭語・結語
❷時候の挨拶
❸相手の安否を気遣う言葉
❹お見舞いに対するお礼
❺迷惑をかけたことのおわび
❻その後の経過や現在の状況
❼今後の交誼のお願い、結びの挨拶

Column

病気・けがのお見舞いの忌み言葉

病気やけがのお見舞いのときは、「落ちる」「追って」など不吉な事態を連想させる言葉や、「再度」「また」といった繰り返すことを意味する言葉はつかわないようにしましょう。具体的には、「続く」「終わる」「再び」「またまた」などの言葉です。

手紙

病気見舞いに対するお礼①

妻
▼
夫の上司

拝復　朝夕の冷え込みが増してまいりましたが、
水谷様におかれましては、益々ご精励のことと拝察いたします。
このたびは、夫の病気に❶ご丁重な励ましのお言葉をいただき、
心よりお礼申し上げます。
夫の病状ですが、医師の診断によりますと、当分は安静が
必要とのことで、回復にはまだ時間がかかるようです。
会社もお忙しい折り、皆様には❷大変ご迷惑をおかけして
申し訳ございませんが、今後ともお力添えをくださいますよう、
心からお願い申し上げます。
課内の皆様にもどうぞよろしくお伝えくださいませ。
かしこ

ポイント

お見舞いのお礼状には、もらったときの感想や、今後の決意なども書いておくと、気持ちが伝わります。こちらが状況をしっかりと受け止めていることを書き添えましょう。

◆言い換え例◆

❶お見舞いへのお礼
- うれしいお見舞いのお言葉を頂戴し、…
- 温かいお見舞い状を頂戴いたしまして、…
- お心のこもった励ましのお言葉とお見舞いを頂戴し、…

❷相手を気遣う言葉
- 多大なご迷惑をおかけして申し訳ございませんが、…
- ご心配をおかけしており心苦しいのですが、…
- 多大なお心遣いをいただき恐縮ですが、…

手紙

病気見舞いに対するお礼②

女性
▼
同僚

このたびは、❶お忙しいにもかかわらず遠方からお越しいただき、本当にありがとうございました。お気にかけていただけたこと、大変うれしく思います。

夜中に胃のあたりに急に痛みがはしり、救急車をよぶほどの激痛でしたが、診断の結果は胃潰瘍でした。

幸いにも発見が早く、医師の処置も適切だったので、一か月ほどで退院することができるようです。

同じプロジェクトで働いている孝子さんには、私の分まで仕事の負担をかけてしまうことになりますが、どうかよろしくお願いします。

❷同僚の皆様にもご迷惑をおかけして申し訳なく思っている事、よろしくお伝えください。

とり急ぎお礼まで。

◆言い換え例◆

❶お見舞いへのお礼

◆お忙しいなか、わざわざお見舞いにお越しくださり、…

◆ご多用中にもかかわらず、お見舞いにきてくださり、…

◆お忙しいところお見舞いくださったうえに、過分なお心遣いをいただき、…

❷末文の挨拶

◆本来ならば同僚の皆様のひとりひとりにお礼を申し上げるべきですが、どうぞ、○○さんからよろしくお伝えくださいませ。

◆近々には退院いたしますので、ご安心ください。

◆○○さんも決して無理をなさらないようにご自愛くださ い。

◆私も一日も早い復帰に向けてがんばりますので、よろしくお願いします。

はがき

事故見舞いに対するお礼①

母親
▼
息子の先生

桜花の頃、先生にはますますご健勝のことと存じます。
さて、このたびはご多忙中にもかかわらず、
お見舞いいただきまして、ありがとうございました。
❶おかげさまで、息子の健二のけがは順調に回復しており、
再来週からは登校できる見込みです。息子も、
❷先生からいただいたお手紙にずいぶんと励まされたようです。
今後とも、先生にはお世話をかけることと思いますが、
よろしくお願いいいたします。
まずはお礼とご報告まで。
かしこ

ポイント

事故見舞いへのお礼状は本人が書くほうがよいのですが、身内が書くこともあります。お見舞い状へのお礼、現在の状況、回復の見込みなどを報告し、今後の交誼のお願いを結びの挨拶として書き添えます。

◆言い換え例◆

❶相手の厚意へのお礼
◆ご心配をおかけいたしておりますが、おかげさまで…
◆幸いにも…
◆しばらくは通院が必要ですが、おかげさまで…

❷嬉しかった気持ち
◆いただいた励ましのお便りに勇気づけられております。
◆いただきましたお力添えの言葉にずいぶんと励まされております。

手紙

事故見舞いに対するお礼②

男性▼年上の友人

拝復　新緑の候、ますますご健勝のこととお喜び申し上げます。

このたびは私の交通事故に際しまして、❶ご丁寧なお見舞いとお心遣いをいただき、厚くお礼申し上げます。

さて、ご心配いただいた病状ですが、おかげさまで順調に回復しており、現在はリハビリに取り組んでいます。

入院当初は、医者にはどの程度回復するかわからないといわれましたが、おかげさまで事故前と変わらない健康状態になりつつあります。
❷今後も変わらぬご厚誼を賜りますようお願い申し上げます。
時節柄、お体にはお気をつけくださいますよう。

まずはお礼かたがたご挨拶まで。

敬具

◆言い換え例◆

❶相手の厚意へのお礼
◆ご多用中にもかかわらず、お心のこもったお見舞い状をいただき、ありがとうございます。
◆ご丁寧なお手紙とお見舞いをいただき、心よりお礼申し上げます。
◆何かとお心遣いをいただき、感謝いたします。
◆ご多忙中にもかかわらずご丁寧なお言葉をいただき、ありがとうございました。

❷今後の交誼を願う言葉
◆これからも何かとご迷惑をおかけすることになるかと思いますが、よろしくお願いいたします。
◆今後ともご交誼を賜りますよう重ねてお願い申し上げます。
◆今後ともよろしくおつきあいのほど、お願い申し上げます。

手紙

事故見舞いに対するお礼③

男性▼上司

拝復　暑さが厳しくなって参りましたが、岩田部長にはご清栄のことと存じ上げます。❶このたびは私の入院に際しまして、ご丁寧なお見舞い状を賜り、厚く御礼申し上げます。❷業務繁忙の折、岩田部長をはじめ、会社の皆様には大変ご迷惑をおかけしまして申し訳ございません。

おかげさまで順調に回復しており、来月初めには出社できる見込みです。今回ご迷惑をおかけした分まで取り戻すべく努力いたしますので、何分よろしくお願いいたします。

課の皆様にもよろしくお伝えください。

取り急ぎ、御礼とご挨拶まで。

敬具

ポイント

ビジネス関係の事故見舞いに対するお礼状では、必ず仕事上迷惑をかけたおわびを書きましょう。本人が書くのが望ましいのですが、家族の代筆でもかまいません。現在の状況と今後の見通しなどを書き添え、相手に安心感を与える内容を心がけましょう。

◆言い換え例◆

❶お見舞いへのお礼

◆このたびの私の交通事故による入院加療につきまして、…

〈代筆の場合〉

◆このたびの夫の交通事故による入院にあたりまして、…

❷相手の仕事への気遣い

◆ご多忙中のところ、…

◆お忙しい時期のところ、…

◆誠にお忙しい時期に、…

◆業務多忙の折、…

手紙

事故見舞いに対するお礼④

男性
▼
取引先の社長

拝復　早春の候、貴社ますますご清栄のこととお喜び申し上げます。

さて、先般はご多用中にもかかわらず、私の事故に際しまして、丁重なるお見舞い状をいただき、まことにありがとうございました。

不在期間中、❶御社には大変ご不便をおかけしましたことを心からお詫びいたします。今後も末永いお取引を賜りますよう、よろしくお願い申し上げます。

営業車を運転している際の信号待ちで、不意に後続車に追突されました。診断結果は、「むち打ち、全治一か月」でしたが、来週からは会社に復帰する予定でございます。

❷あらためましてご挨拶を申し上げに参上いたしますが、まずは、書中をもちまして御礼申し上げます。

敬具

◆言い換え例◆

❶相手にかけた負担へのおわび
- 御社に多大なるご迷惑をおかけしましたことを衷心よりお詫び申し上げます。
- 御社におかけいたしましたご不自由をお詫び申し上げます。
- 御社にご迷惑をおかけしましたこと、深くお詫びいたします。
- 御社におかけしたご不便をお詫びいたします。

❷挨拶に伺う旨の通知
- 後日、ご挨拶に伺いますが、…
- 近日中にもご挨拶にお伺いいたしますが、…
- いずれ、ご挨拶を申し上げますが、…
- なお、日をあらためてご挨拶に参りたいと存じますが、…

はがき

災害見舞いに対するお礼①

女性 ▼ 知人

❶地震の被災の際は、いろいろとお気づかいいただき、ありがとうございました。
おかげさまで、我が家はけが人もなく、皆元気にしておりますので、ご安心ください。

建物には部分的な被害がありましたが、何とか住める状態ですので、避難所で生活することは免れました。

しばらくは、❷落ち着かない生活になると思いますが、健康を第一に考えて元気を出します。

まずはご報告とお礼まで。

ポイント

災害などに遭い、お見舞いを受け取った場合は、生活が落ち着いてからお礼状を出しましょう。このようなときは「早く」書く必要はなく、場合によっては出さなくても失礼ではありません。相手の心遣いに対するお礼、災害状況や近況報告なども書き添えます。

◆言い換え例◆

❶お見舞いへのお礼
- このたびはご丁寧なお見舞い状とお見舞いをいただき、…
- 被災に際し、わざわざお見舞いにお越しいただき、…

❷今後の決意
- 不自由な生活になるかもしれませんが、どうにか暮らせるめどが立ちました。
- 不便を余儀なくされそうですが何とかやっていけそうです。

手紙

災害見舞いに対するお礼②

女性
▼
叔母

集中豪雨で被災した際は、
❶ご丁寧なお見舞い状とお見舞いをお送りいただき、
まことにありがとうございました。
被災当初の我が家は、床上まで浸水し、非常に危険な状態でした。
幸いにも家族にケガ人がでなかったことが、せめてもの救いです。
現在は、自宅の修復も終わり、被災前の生活環境に
戻りつつあります。ご心配をおかけしましたが、
元気でおりますのでご安心ください。
❷皆様のお心遣いに感謝申し上げまして、
お礼のご挨拶とさせていただきます。

かしこ

◆言い換え例◆

❶お見舞いへのお礼
- 心強いご支援と励ましのお言葉をいただき、大変感謝しております。
- お見舞いと激励のお言葉をいただき、厚くお礼申し上げます。
- ○○さんの細やかなお心遣いに大変励まされました。心よりお礼申し上げます。
- 心強いご支援を賜り、深く感謝申し上げます。

❷末文の挨拶
- これまでのお心遣いに感謝申し上げますとともに、お礼のご挨拶とさせていただきます。
- 皆様のお心遣いに深く感謝いたしましてお礼のご挨拶とさせていただきます。
- 皆様のご支援を心より感謝いたします。

はがき

災害見舞いに対するお礼③

会社 ▼ 取引先の社長

拝復　暑さが厳しくなって参りましたが、
貴社ますますご隆盛のこととお慶び申し上げます。
❶このたびは弊社朝霞工場の地震被害に際しまして、
ご鄭重なるお見舞い状を賜り、まことに
ありがとうございました。
　先般の地震による被害では、朝霞工場の設備の一部が
全壊したものの、従業員にはケガ人もなく、また製品納期に
遅延を生じることはございませんのでご安心ください。
❷今後も末永くご厚誼を賜りますよう、
よろしくお願い申し上げます。
まずはご報告とお礼まで。
敬具

ポイント

災害などで会社が被害を受け、取引先などからお見舞い状をもらった場合、できるだけ早くお礼状を出したいものです。時候の挨拶やお見舞い状に対するお礼、災害状況や現状報告などを書き添え、結びの言葉として、今後の協力や愛顧のお願いを書きましょう。

◆言い換え例◆

❶お見舞いへのお礼
◆このたびの豪雨による弊社○○支店の水害に際しまして、…

❷今後の交誼を願う言葉
◆引き続き格別のお引き立てを賜りますよう、謹んでお願い申し上げます。
◆末永いご愛顧を賜りますよう、よろしくお願い申し上げます。

ビジネス
Business（印刷する場合）

拝復　厳しい余寒が続きますが、
貴社におかれましては、ますますご隆盛のこととお喜び申し上げます。

また、❶平素は格別のご高配を賜り、まことにありがとうございます。

今般の大地震による被災に際しまして、ご丁寧なお見舞い状をいただき、感謝に堪えません。

今回の地震による弊社の被害状況ですが、予想以上に大きく、生産ラインの一部が倒壊しております。

そのため、来月初めより復旧工事が完了するまでの間、新規の発注を見合わせることとなりました。

何とぞご了承のほどお願い申し上げます。

なお、現在までにお受けしている製品につきましては、急ぎ、別の生産ラインにて、ご希望通りの日にお納めできるように対処しておりますので、ご安心ください。
❷皆様には大変ご心配とご迷惑をおかけしておりますが、今後ともご指導、ご支援を賜りますようお願い申し上げます。
まずは略儀ながら書中にて、御礼申し上げます。

敬具

手紙

災害見舞いに対するお礼④

会社の社長 ▼ 取引先

◆言い換え例◆

❶日ごろの厚誼へのお礼
- 日ごろは格段のご厚情を賜り、厚く御礼申し上げます。
- 平素は格別のお引き立てを賜り、厚く御礼申し上げます。
- 日ごろは弊社製品をご愛用いただき、誠にありがとうございます。
- 平素は多大なるご愛顧、ご厚情を賜り、深く感謝申し上げます。

❷相手への配慮
- お客様には大変ご心配をおかけいたしておりますが、…
- 一方的なお願いで大変恐縮ではございますが、…
- お取引先の皆様には唐突で不躾ではございますが、…
- ご繁忙の折、ご迷惑なお願いではございますが、…

手紙

火事見舞いに対するお礼①

女性▼知人

寒さも日増しに厳しくなってまいりました。

❶皆様お変わりございませんでしょうか。

先日は、お心のこもったお見舞い状をいただきまして、ありがとうございました。

我が家が全焼し、一時は呆然としておりましたが、家族の身に被害が及ばなかっただけでも幸いだったと前向きな気持ちになれるようになりました。

道子さんには、大変ご心配をおかけしてしまいましたが、再起に向けて家族全員が元気で協力し合っていますのでご安心ください。

❷道子さんのお心遣いに感謝申し上げまして、お礼のご挨拶とさせていただきます。

かしこ

ポイント

火事などの災害に遭った場合、知人などからお見舞い状をもらうことがあります。これは、被災者を心配していることの表れなので、元気な様子を知らせましょう。出すときは、現在の様子や再起に向けた前向きな内容を相手に伝えます。

◆言い換え例◆

❶相手を気遣う言葉

◆皆様お元気そうで何よりと存じます。

◆皆様にはますますご健勝のことと存じます。

❷お礼の言葉と末文の挨拶

◆○○さんには何かとお心にかけていただき、あらためてお礼を申し上げます。

◆○○さんのあたたかいご配慮にあらためて感謝申しあげまして、お礼のご挨拶とさせていただきます。

手紙

火事見舞いに対するお礼②

男性 ▼ 叔父

❶このたびの我が家の類焼の災難におきましては、ご丁寧なお見舞い状とご厚志を賜り、感謝の言葉もありません。家族一同が大いに勇気づけられました。
隣家からの出火が原因ですが、不運にも風向きが悪く、我が家も類焼を免れませんでした。

幸いにも、家族はみな無事であったことが何よりで、❷当面の借家暮らしをがまんすれば、もとの暮らしに戻れると希望を持っておりますのでご安心ください。

このたびは火災の怖さを初めて経験し、日頃の用心がいかに大切か、身をもって知りました。

叔父さんのご健康とご多幸をお祈りしております。

まずはお礼とご報告まで。

◆言い換え例◆

❶お見舞いへのお礼
◆このたびの火災の難に際しましてご丁寧なお見舞い状とお見舞いを賜り、…
◆このたびの被災につきまして丁重なるお見舞い状およびお見舞いを賜りまして、…
◆このたびの災厄に際しましては、あたたかいお見舞い状をいただき、…

❷前向きな気持ち
◆しばらくは不自由をするかもしれませんが、何とかやっていけるめどが立ちそうです。
◆当面は不便を余儀なくされそうですが、皆さんの励ましに勇気づけられ、何とかやっていく元気がでました。
◆当分は、落ち着かない日々になりますが、○○さんの励ましの言葉で元気を取り戻しました。

はがき

盗難見舞いに対するお礼①

女性
▼
親しい友人

先日は、ご丁寧なお見舞い状をいただきまして、本当にありがとうございました。❶私自身とても勇気づけられました。

たまたま当日は実家に帰省しており、私の身に被害が及ぶことはありませんでしたが、引き出しに入れていた現金が盗難に遭いました。

今回、盗難の怖さを初めて体験し、日頃の用心がいかに大切かを思い知らされました。

❷町子さんも一人暮らしですので、くれぐれもご用心くださいね。

詳しいことはお会いしたときに。とりあえず、お礼まで。

ポイント

相手の厚意を受け止めて、感情的にならないような文面にしましょう。また、結びの言葉には相手を気遣う言葉を書き添えるようにします。

◆言い換え例◆

❶お見舞いへのお礼

◆ご厚情に大変お力をいただきました。

◆おかげさまで私も勇気づけられました。

◆励ましのお言葉、うれしく拝見いたしました。

❷相手を気遣う言葉

◆○○さんも、十分ご注意くださいね。

◆○○さんも十分ご注意のうえ、お過ごしください。

◆ご用心のうえ、過ごされますよう。

ビジネス《ビジネス》 Business（印刷する場合）

手紙

盗難見舞いに対するお礼②

商店の店長
▼
顧客

謹復　年の瀬を迎え、
茂木様にはお忙しくお過ごしのことと存じます。
　さて、このたびの弊店の盗難による災害に関しましては、
茂木様からご丁寧なお見舞い状を頂戴し、
誠にありがとうございました。
　今般の被災におきましては、幸いなことにセキュリティー機能が
十分に発揮いたし、従業員および店内の物品等には、
まったく被害が及びませんでした。
被害らしい被害は、従業員の通用扉の破損のみでございました。
❶茂木様には大変ご心配をおかけいたしましたが、
被災翌日より営業をいたしておりますので、
どうかご安心くださいませ。
茂木様の日頃のご厚情に感謝申し上げますとともに、
❷今後も変わらぬお引き立てを賜りますよう、
よろしくお願い申し上げます。
　まずは、御礼のご挨拶まで。

謹言

スーパー花丸　鷺宮店　原田洋平

茂木義男様

◆言い換え例◆

❶相手の厚意へのお礼
◆不本意にもお取引先の皆様には大変ご心配をおかけしましたが、…
◆お取引先の皆様にご迷惑をおかけすることは誠に遺憾でございましたが、…
◆皆様には多大なるお気遣いをいただきましたが、…
◆このような事態を招き、お客様にはご心労をおかけしましたが、…

❷今後の交誼を願う言葉
◆今後ともよろしくお願い申し上げます。
◆なお、変わらぬごひいきのほどよろしくお願い申し上げます。
◆今後とも倍旧のご愛顧を賜りますよう、よろしくお願い申し上げます。

お見舞いのマナー Q&A

Q 直接お見舞いに行くより、手紙を書くほうがいい？

A 知人が入院したり、災害で被害に遭ったことを知ったら一刻も早くお見舞いに駆けつけたいことでしょう。しかし、このようなケースでは、自分の気持ちよりも相手のことを考えて行動することが大切です。ひとまず様子をみたほうがよさそうだと判断した場合は、お見舞い状やお見舞いの品を送って、相手を思いやりましょう。

Q 災害見舞いに対してお返しは必要？

A 基本的に火事や災害のお見舞いに対しては、お礼状は出しても、お返しをする必要はありません。なかでも火事の場合は「もらい火」になるといわれ、縁起が悪いことからお返しは敬遠されています。後始末などでとくにお世話になった場合は、落ち着いてから手土産を持ってあらためて伺うのがよいでしょう。

Q 快気祝いには何を送ればいい？

A 病気のときにお見舞いをいただいたら、退院、もしくは床上げした際、お礼と全快した報告をかねた「快気祝い」を送ります。

快気祝いには「きれいさっぱり治った」「あとに残らない」という意味から、お菓子やせっけん、洗剤などを贈るのがよいでしょう

Q お見舞いの手紙に近況報告は不要？

A お見舞いの手紙を出すときは、原則として、こちらの近況報告は控えるようにします。

そうすることで、「こちらの様子など気にかけず、まずはご自身の身を案じてください」という気持ちが伝わります。

第7章

弔事に関するお礼状

弔事に関するお礼状のマナー

注意したい忌み言葉と句読点

お見舞いと同じように、弔事の場合も不幸が続くことを連想させる言葉、重ね言葉などの忌み言葉を避けるようにします。

本来、文中には句読点をつかわず、一文字あけて書くのが弔事の正式な書きかたですが、最近はその傾向も変わってきているため、ここでは句読点をつかった文例にしています。なお、句読点をつかわない理由については210ページを参照してください。

心をこめて丁寧に時候の挨拶は省略

弔事に関する通知は形式的なものも多いですが、「心をこめて丁寧に」書くことが大切です。また、お悔やみ状をいただいた場合は、心配してくれた相手の気持ちに、感謝してお礼状を書きましょう。

頭語や結語、時候の挨拶などを省略することもありますが、その場合は本文から書きはじめることになります。

参列のお礼を伝える会葬礼状

会葬礼状とは、葬儀や告別式に参列してくれた人に送るお礼状のこと。弔問や香典へのお礼、故人が生前お世話になったことへの謝辞を書きます。今後の決意や遺族とのおつき合いのお願いも書き添えましょう。

前文

拝復　❶過日は夫 慎一の死去に際し、お心のこもったお悔やみを賜り、まことにありがとうございました。
❷あまりにも突然のことで、なかなか心の整理がつかずにおりましたが、
山田様のあたたかいお言葉に励まされ、

❊手紙の基本文例❊ 遺族（女性）▶知人（女性）

主文

少しずつではございますが、元気を取り戻しております。
❸これからは天国で見守ってくれている夫に心配をかけぬよう、孫の成長を見守りながら、

末文

元気に暮らしていこうと思っております。
❹今後とも、変わらぬおつきあいをお願いいたします。
❺まずはお礼かたがた、ごあいさつまで。

敬具

平成二十一年四月四日

田中めぐみ

山田優子様

構成

❶お悔やみ状に対するお礼
❷現在の心境
❸今後の決意
❹交誼のお願い
❺結びの挨拶

Column

弔事の表書きについて

香典などの表書きを毛筆で書くときは、「涙で墨がにじんでしまった」という意味から、薄墨を使うことが多くあります。ペンを使う場合は、インクの色は黒かブルーブラックで。逆に慶事の表書きは、喜びを表すために濃い墨で書くのがよいでしょう。

はがき

会葬に対するお礼①

喪主（妻）→参列者

故上田大介（享年六十五）の葬儀に際しましては、
❶ご多用中にもかかわらずご会葬いただき、
誠にありがとうございました。
不行き届きの点もありましたこととは存じますが、
ご容赦のほどお願い申し上げます。
❷皆様には早速参上して御礼申し上げるべきところですが、
まずは略儀ではございますが、書中をもって
ご挨拶とさせていただきます。

平成××年五月十日

〒一六六－〇〇〇一　東京都杉並区〇〇一―二―三
喪主　上田みち
外　親戚一同

ポイント

葬儀後には、個人的にもお礼状を書く機会が多くなるでしょう。心をこめて丁寧にお礼の言葉を述べるとともに、遺族としての今後の決意なども書き添えましょう。
葬儀社が用意している文例などをアレンジしてもよいでしょう。

◆言い換え例◆

❶会葬へのお礼
- ご多忙にもかかわらずご列席いただき、またご丁寧なご配慮まで頂戴いたし、…
- 遠路をいとわずご弔問いただき、またご丁重なるご厚情を頂戴し、…

❷末文の言葉
- 本来ならば拝眉のうえ、御礼申し上げるところですが、…
- いずれお目にかかりました折にご挨拶をさせていただきますが、…

手紙

会葬に対するお礼②

喪主（妻）▼亡夫の上司

亡夫達郎の葬儀に際しましては、ご多忙中のところご会葬いただき、また、❶過分なご厚志を頂戴いたしまして、厚く御礼申し上げます。

突然の他界により、皆様にいろいろとご迷惑をおかけして申し訳ございません。
❷お世話になりましたまま、お返しもできずに逝ってしまったことは、夫にとってはさぞ心残りだったことと存じますが、❸家族が力を合わせて仲良く暮らすことが一番の供養だと思い、頑張って参ります。
生前のご恩に感謝申し上げますとともに、今後ともお力添えをくださいますよう、心からお願い申し上げます。

まずは書中にて御礼を申し上げます。

◆言い換え例◆

❶香典・供物・供花へのお礼
◆心あたたまるご配慮をいただきまして、…
◆過分なるご芳志まで賜りまして、……
◆ご丁寧な弔詞に加えご厚志まで賜り、…

❷故人の気持ち
◆あまりにも早い旅立ちでございましたので、本人も無念だったことと思いますが、…
◆皆様に支えられて、本人も満足のゆく一生ではなかったかと存じますが、…

❸遺族の決意
◆今後は夫の意志を継いで、私が家族を支える決意でございます。

Business ビジネス

はがき

会葬に対するお礼（社葬）①

会社の社長 ▼ 取引先の参列者

❶弊社代表取締役会長　故玉木和夫儀　葬儀に際しましては、
ご多用中にもかかわらずわざわざご会葬を賜り、
且つ格別なるご厚志を賜り、厚く御礼申し上げます。
早速参上して御礼申し上げるべきところ、
❷まずは書面をもってご挨拶とさせていただきます。

平成××年二月十四日

〒一〇三－〇〇二七　東京都中央区日本橋　△－△－△
サンスイフード株式会社
葬儀委員長　取締役社長　小林慎一
喪主　玉木梢
外　親族一同

ポイント

社葬の会葬礼状の場合には、差出人は葬儀委員長の名前を最初に書き、その横に喪主、親族を添えます。会葬者が取引先の役員の場合には、会葬者の社名・肩書きと名前を書きます。会葬に出席してもらったお礼に加え、葬儀が無事に終わったことを報告します。

◆言い換え例◆

❶故人の表記
- 弊社社長　故〇〇〇〇儀…
- 弊社　前社長　〇〇〇〇……
- 弊社取締役　故〇〇〇〇儀…
- 弊社営業部　故〇〇〇〇…

❷末文の挨拶
- 略儀にて失礼とは存じますが、まずは書面をもって御礼申し上げます。
- 取り急ぎ書中にて失礼いたします。
- 書面にて失礼ではございますが、まずは御礼申し上げます。

手紙

会葬に対するお礼（社葬）②

会社の社長
▼
取引先の役員

このたびは弊社　代表取締役会長　故小川勝儀
葬儀に際しまして、❶ご多忙中にもかかわらずご会葬賜り
誠にありがとうございました。
❷おかげさまで葬儀告別式は滞りなく済ませることができました。
ここに生前のご厚情に感謝申し上げますとともに、
今後も変わらぬご指導ご厚誼を賜りますようお願い申し上げます。
本来ならば、拝眉のうえ、御礼申し上げるところですが、
略儀ながら書中をもちましてご挨拶申し上げます。

平成××年六月十二日

〒一〇二―〇〇九四　東京都千代田区紀尾井町△―△
株式会社ミナミ広告社
葬儀委員長　取締役社長　南一平
喪主　小川佳子
外　親族一同

サキナ株式会社　代表取締役　崎浜秀雄様

◆言い換え例◆

❶弔詞・弔電／供花・供物のお礼
◆ご多用中にもかかわらずお心のこもった弔詞をいただきまして、本当にありがとうございます。
◆お忙しいなかご列席いただいたうえ、ご真情にあふれる弔詞を賜りまして心より御礼申し上げます。
◆ご多忙中にもかかわらずご丁重な弔電を賜り厚く御礼申し上げます。
◆お忙しいところご丁重なるご厚志を賜り心より御礼申し上げます。

❷葬儀が済んだ報告
◆おかげさまで葬儀も滞りなく相済ませることができました。重ねて御礼申し上げます。

手紙

お悔やみ状に対するお礼①

遺族(娘)
▼
亡母の知人

　このたびは母　秀子の他界に際しまして、❶ご丁重なお悔やみのお便りをいただきまして、ありがとうございました。

　母の意志を尊重し、葬儀は今月五日、親族のみで無事終えさせていただきました。

　かねてから療養中でございましたが、今月に入り急に容態が悪化し、意識不明のまま静かに息を引きとりました。眠るような最期でしたのが、私どものせめてもの救いでした。

　母に代わりまして、生前賜りましたご厚情に感謝いたしますとともに、❷今後も私どもをお導きくださいますよう、よろしくお願いいたします。

　峰岸様にはお知らせが遅れましたことを深くお詫びいたします。後日、あらためてご挨拶いたしますが、まずは略儀ながら書中にて御礼申し上げます。

かしこ

ポイント

前文は省略して、相手からのお悔やみの言葉に対する感謝の気持ちと、故人が生前お世話になったお礼を書きます。次に近況報告、あるいは今後の決意などを書きます。その場合、相手の気持ちを重くするような内容にならないように注意しましょう。

◆言い換え例◆

❶お悔やみ状へのお礼
◆ごていねいなお手紙をいただき、…
◆お心のこもったお便りをいただき、…
◆ごていねいなお悔やみのお言葉をいただき、…

❷相手への感謝と今後のお願い
◆今後とも、いろいろとお世話になることと存じますが、…
◆○○様にもご指導を仰ぐことがあるかと存じますが、…

はがき

お悔やみ状に対するお礼②

喪主（妻）▼亡夫の知人

このたび夫　庸一の死去に際しましては、
ご丁重なお悔やみのお言葉をいただきまして、
本当にありがとうございました。
❶思いがけない急病で先立たれまして、一時は私も途方に
暮れましたが、少しずつ、元気を取り戻しております。
生前は夫が大変お世話になり、ありがとうございました。
❷今後は、残された私たち家族が力を合わせ、
ご厚情にお応えしていきたいと存じますので、
より一層のご指導をくださいますよう、
よろしくお願い申し上げます。
まずは、お礼かたがたご挨拶まで。

◆言い換え例◆

❶現在の心境

◆あまりにも突然のことで、しばらくは目の前の現実が受け入れられないでおりましたが、やっと立ち直ってまいりました。

◆突然のことで、しばらくは何もできず、ただ呆然としておりましたが、何とか元気を取り戻しております。

❷今後の決意と指導のお願い

◆いろいろとご心配をおかけしましたが、今は大丈夫ですので、どうぞご安心ください。

◆残された子どものためにも、ここでくじけることのないよう気をひきしめております。

◆何かと手慣れないことばかりでご迷惑をおかけすることもあるかと存じますが、今後ともよろしくお導きくださいますようお願い申し上げます。

はがき

お悔やみ状に対するお礼③

喪主（妻）▼亡夫の取引先

❶亡夫 公孝の死去に際しましては、ご丁重なお悔やみ状を賜り、まことにありがとうございました。
思いがけない事故で先立たれまして、いまだ現実とは思えません。
菊池様をはじめ、皆様方のお志を、亡夫も感謝しておりますことと存じます。
❷今後は、残された私たちが力を合わせご厚情にお応えしていく所存でございますので、よろしくお願い申し上げます。
菊池様もご自愛くださいますよう心からお祈り申し上げます。
かしこ

ポイント

お悔やみ状へのお礼は、取引先などからもらった場合も返信するのがマナーです。お悔やみ状をいただいた取引先の代表者あてに出しますが、特定の担当者がいる場合にはその人の所属と個人名を入れるとよいでしょう。お悔やみ状へのお礼状には、頭語・結語は省略してもかまいません。

◆言い換え例◆

❶お悔やみ状へのお礼
- ◆このたびの夫○○の葬儀に際しましては、心のこもったお悔やみ状を賜り、…
- ◆先般の亡夫の逝去に際しては、温かいお悔やみの言葉をいただき、…

❷今後の決意
- ◆今後は、残された子どものためにもここでくじけることのないようにしていく所存ですので、……

手紙

お悔やみ状に対するお礼④

会社の社長
▼
取引先

Business《ビジネス》（印刷する場合）

山幸産業株式会社
代表取締役　小田修平様

謹啓　先般、弊社前会長　故二宮隆の葬儀に際しましては、
❶鄭重なるご弔慰を賜りまして、誠にありがとうございました。
　早速、御礼申し上げるべきところ、取りこんでおりまして
ご挨拶が遅れましたことを深くお詫び申し上げます。
　お陰様で葬儀も滞りなく終えることができました。
❷今後ともよろしくおつきあい賜りますよう
お願い申し上げます。
　まずはとり急ぎ御礼まで。　　　　　　　　　敬白

〒160-0015　東京都新宿区大京町△—△—△
株式会社清水物産
取締役社長　清水嘉一
喪主　二宮昌子
外　親族一同

◆言い換え例◆

❶お悔やみ状へのお礼
◆御懇篤なる御弔慰を賜りまして、…
◆ご丁寧な弔慰状をいただきまして、…
◆丁重なご弔慰をいただきまして、…

❷今後の交誼を願う言葉
◆今後も変わらぬおつきあいを…
◆今後も変わらぬご指導ご鞭撻を賜りますよう…
◆今後とも弊社に変わらぬおつきあいを…

忌明けのお礼①

手紙

喪主（男女）▼葬儀参列者

拝啓　時下益々ご清祥のことと拝察申し上げます。

先般、亡夫　憲次儀　永眠の際は❶ご丁寧なご厚志を賜り、まことにありがとうございました。

お蔭をもちまして、本日
〇〇〇院〇〇〇居士（戒名）

四十九日忌の法要を相営みました。

つきましては、❷供養のしるしに心ばかりの品物をお届けいたしましたので、何卒ご受納くださいますようお願い申し上げます。

本来ならば、拝趨のうえ、お礼申し上げるべきところですが、略儀ながら書中を持ちまして謹んでご挨拶申し上げます。

敬具

平成××年八月十日

〒一四四―〇〇五二　東京都大田区蒲田△―△―△
喪主　川島紀子
親族一同

ポイント

葬儀の際に香典をもらった人には、忌明けをめどに香典返しの品物と挨拶状を送ります。忌明けの挨拶状は、時候の挨拶は省略してもかまいませんが、頭語・結語を入れた手紙の形式で送ります。

◆言い換え例◆

❶会葬や香典へのお礼
◆ご丁重なるご弔慰並びにご芳志を賜り、…
◆ご懇篤なるご弔詞並びにご厚志を頂戴いたし、…
◆ご弔問いただき、また仏前にも過分なご香料などを賜りまして、…（仏式）

❷香典返しを送った報告
◆別便にて追善供養の品物をお送りさせていただきますので、…

はがき

忌明けのお礼②

喪主（妻）▼亡夫の友人

謹啓　先般は、亡夫康志の告別式にご会葬いただき、そのうえお香典まで賜りまして、ありがとうございました。

本日は❶四十九日忌に際し、近親者のみにてささやかな法要を営みました。

つきましては、供養のしるしの品物をお届けいたしますので、❷ご受納いただければ幸いです。

書面にて失礼ではございますが、御礼かたがたご挨拶申し上げます。

かしこ

◆言い換え例◆

❶忌明けの報告
◆七七日忌の法要を相営み、…（仏式）
◆亡○○の四十九日忌にあたり、…（仏式）
◆○○が昇天して早くも○カ月、本日昇天記念日を迎え、…（キリスト教式）

❷香典返し受領のお願い／香典返しを寄付した場合
◆どうかお納めくださいませ。
◆お納めいただければ幸いです。
◆つきましては、供養の品をお届けすべきところですが、故人の遺志により、賜りました香料は○○に寄付させていただきました。
◆誠に勝手ながら、故人の遺志によりご芳志の一部を○○会に寄付させていただきました。何とぞご了解ください。

手紙

法要列席に対するお礼①

妻▼亡夫の友人

謹啓　初夏の候、お健やかにお過ごしのことと思います。

過日は、❶夫信弘の一周忌の法要にご列席いただきまして、まことにありがとうございました。

夫が他界してから早くも一年の月日が経ち、ようやく私ども遺族の気持ちや遺品などの整理も片がついてまいりました。❷私にとりましては、娘を一人前に育て上げることが亡き夫への供養と思っております。

平田様から夫との思い出のお話を伺って、夫の笑顔がなつかしいひと時を過ごさせていただきました。ありがとうございました。

取り急ぎ、ご列席の御礼まで。

かしこ

ポイント

法要（法事）に出席してくれた人にはお礼状を出すのがマナーです。法要（法事）の案内状が儀礼文になるので、お礼状もフォーマルな文体や内容にしましょう。頭語や結語、時候の挨拶なども書き添えます。

◆言い換え例◆

❶出席のお礼

◆○○の七回忌の法事においでくださいまして、…

◆お忙しいなか亡○○の法要にご出席いただきまして、…

❷近況の報告や決意

◆いろいろとご心配をおかけいたしましたが、おかげさまで元気になりましたのでご安心ください。

◆この現状を子どもたちと乗り越えていきますので、お見守りください。

Business ビジネス

手紙

法要列席に対するお礼②

後任の社長
▼
取引先の社長

謹啓　皆様にはますますご清祥の事と存じ上げます。

先日の弊社前社長田村の一周忌に際しましては、❶ご多用中のところをお運びいただき、まことにありがとうございました。

お陰さまで、❷法要も滞りなく済ませることができました。

この一年、皆様の弊社に対する温かい励ましをいただきましたが、今後も皆様からさらなるご指導ご鞭撻を賜りながら社業に専心していく所存でございます。

本来ならば、拝眉のうえご挨拶申し上げるべきですが、まずは書中をもちまして御礼申し上げます。

敬具

平成××年九月六日

株式会社タムラネット
代表取締役社長　嶋田和也

◆言い換え例◆

❶出席のお礼
◆皆様ご多忙中のところをご臨席いただき、…
◆ご多忙中にもかかわらず遠路わざわざご出席いただき、…
◆遠路のところをわざわざお運びいただき、…

❷結果の報告
◆法要も無事終えることができました。
◆法要を相営みました。
◆法要も滞りなく相済みました。
◆○○院居士の満中陰法要を営むことができました。
◆法要を営みましたことをご報告申し上げます。

ビジネス Business

はがき

法要案内に対するお礼（出席する場合）①

取引先の社長 ▼ 遺族

謹啓　この度は、❶後藤物産前会長後藤毅様一周忌ご法要のご案内状、まことに恐れ入ります。

後藤様が逝去されて早くも一年になるかと思うと移りゆく時の早さを感じます。

生前、後藤様には、ひとかたならぬお世話になっておりましたので、❷是非とも臨席させていただきます。

まずは、出席のご挨拶まで。

敬具

平成××年十月二十二日

ハジメ広告株式会社
代表取締役　水野　一

ポイント

ビジネスシーンにおいても取引先などから、法要の案内を受けることがあります。法要への招待は、ともに故人を追悼し、供養してほしいという遺族の願いの表れですから、できるだけ出席するようにしましょう。

◆言い換え例◆

❶法要ご案内のお礼
- 前社長亡○○様の一周忌の法要のご案内状を頂戴いたしました。
- ご丁寧な法要のご案内状をいただき、恐縮しております。
- ご丁重なる法要のご案内状を賜りました。

❷出席の挨拶
- 是非出席させていただきます。
- 謹んで参席いたします。
- ご挨拶に参上したいと存じます。

手紙

法要案内に対するお礼（欠席する場合）②

故人の友人（男性）▼遺族

拝復　❶このたびは、徳井公一様の四十九日の法要のご案内、まことに恐れ入ります。
あれから一カ月以上も経過したかと思うと、感慨もひとしおです。
❷しかし、残念ながら、現在転勤で遠隔地におります。遠方のためご法要に伺うことができませんが、私も遥かな地より、在りし日のお姿を偲びたいと思っています。
そちらの方面に出向くことがございましたら、ぜひともご墓前にお参りさせていただきたく存じます。

心ばかりですが、同封のもので徳井様が好きだった果物などお供えください。

失礼ながら、欠席のお知らせを申し上げます。

敬具

◆言い換え例◆

❶法要ご案内のお礼
◆亡○○様の一周忌の法要のご案内、頂戴いたしました。
◆このたびの、亡○○様の十三回忌のお知らせ、拝受しました。
◆法要のご案内をいただき、誠に恐れ入ります。

❷欠席のおわび
◆ぜひ参列させていただきたいと思っていたのですが、あいにく都合が悪く、失礼させていただきます。ご出席の皆様にはくれぐれもよろしくお伝えくださいますよう、お願い申し上げます。
◆なお、体調を崩して療養中のため、出席できない失礼をお許しください。

弔事 Q&A

Q 法要って何?

A 法要とは、故人の冥福を祈り、供養をするための仏教行事です。

一周忌や三回忌などは法要(法事)の代表的なものです。これらの行事は案内状で招待します。

Q 香典返しの時期と表書きについて教えてください。

A 通常忌明けの四十九日に合わせて香典返しを行いますが、宗教によって異なります。

仏式

表書き:「志」「忌明志」「満中陰志」

時期:三十五日か四十九日の忌明け後に

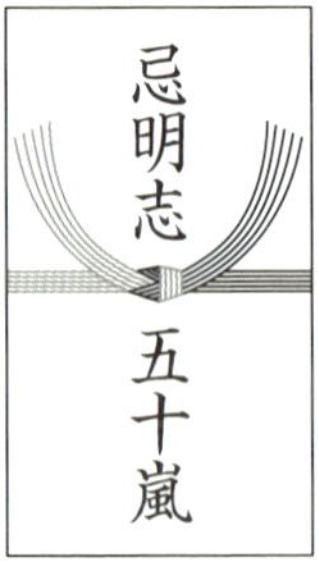

神式

表書き:「偲草」「志」

時期:三十日祭か五十日祭の後に

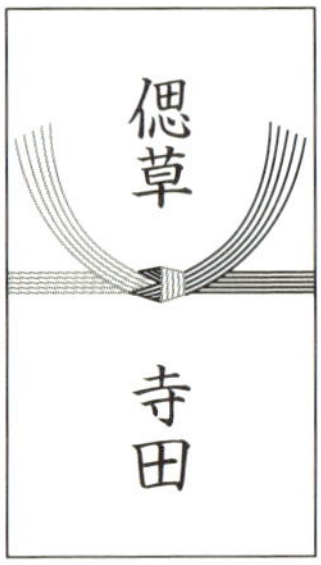

キリスト教式

表書き:「志」「感謝」「粗品」

時期:プロテスタントは1カ月目の昇天記念日ごろ、カトリックは30日目の追悼ミサに合わせて

Q 会葬礼状の句読点の扱いは?

A 昔は、会葬礼状の文面には句読点の「、」や「。」は用いないのが普通でした。一般的には次の三つの理由とされています。

①もともと毛筆で書いていたため、近世までは句読点はつかわなかった。

②式や行事がつつがなく流れるように、という意味をこめて文章を区切らない。

③句読点は読み手の補助のためのものであり、読む力を十分備えた人に送る書状には失礼がある。

ただし、最近では形式よりも読みやすさ重視の傾向があり、句読点が用いられるものも珍しくありません。本書でも、句読点を用いた文例を使っています。

第8章

メール・FAXでのお礼状

メール・FAXでのお礼状のマナー

メール、FAXで送っても失礼にならない相手に送る

メールやFAXによるお礼は、電話と同等か、それ以上に略式の手段といえます。

相手がメールやFAXで送ってきた場合や、普段からメールやFAXをやりとりしているような親しい間柄ならかまいませんが、それ以外の場合は控えたほうがよいでしょう。

普段からメールチェックを習慣化している人に

相手がメールアドレスを持っているからといって、毎日メールをチェックするとは限りません。すぐに読んで欲しい場合は、送りっぱなしにせず、電話で確認しましょう。

メール、FAXを送るのは当日か翌日中に

メールやFAXは送信したら直ちに相手に届く分、相手に対する姿勢がじかに伝わってしまいます。品物が届いてから間があいてしまうと、「二〜三日放っておいたな」とか「今ごろになって…」と思われ、相手の気持ちをそぐ結果になりかねません。

書くのに日数を要するものでも、「詳しくは追って連絡します」などと断りを入れつつ、とりあえず（手紙やメールを）「読んだ」、（品物が）「着いた」ということを、簡潔なお礼の言葉とともに伝えるとよいでしょう。

Column

パソコンでメールを送信するときの注意

- 相手にコンピュータウィルスを送信しないよう、常にOSを最新の状態に（アップデート）しておく。
- セキュリティソフトを導入し、最新の状態に更新しておくなど、コンピュータウィルスに対する事前の防御策をとる。
- 相手に用心されたり、迷惑メールと勘違いされて捨てられたりしないよう、件名で名乗るなど工夫する。

❖メールの基本文例❖　女性 ▶ 同窓生

送信者：松村優子

宛先：井上　智子様

CC：

件名：❶Re: プチ同窓会へのお誘い

井上智子様

❷三笠高校３年１組で一緒だった松村優子です。

お久し振りですね。
❸プチ同窓会へのお誘いメールありがとうございました。
青山でのお食事会、すてきですね。
井上さんをはじめ、山本さんや三橋さんの懐かしい顔ぶれも
目に浮かびます。
でも、せっかくのお誘いなのですが、
あいにくその日は父の法事と重なり、出席できないのです。
みなさんお忙しいなか、めったにない機会なのに、
お断りすることになってしまってとても残念です。

今度、是非またこのような機会が作れるよう、
私にも協力させて下さい。
お店選びでも連絡係でも何でもできることはやらせていただきます。

では、山本さん、三橋さんにはくれぐれもよろしくお伝えください。
そして、おいしい、楽しい時を過ごしてくださいね。

❹松村優子

構成

❶事務的な内容であれば、そのまま「Re：件名」とするほうが相手がわかりやすい場合もある
❷複数の人から返信の可能性があるので、冒頭で名乗る
❸相手がモニターで読みやすいように、1行を最大30文字程度で改行する
❹最後に必ず自分の名前を入れる（ビジネスの場合は署名機能を使ってもよい）

メール

招待してもらったお礼

女性
▼
同窓生

送信者：早川登紀子
宛先：花崎恵子様
CC：
件名：昨日はお邪魔しました

花崎恵子様

昨日は、素敵なおうちにご招待いただきまして、
ありがとう。そしておめでとう。

いつもおしゃれな恵子さんのこと、
きっと新しいおうちもセンスがいいのだろうと、
訪問する前からワクワクしていました。
実際は想像以上で、お邪魔している間ずっと
うっとりしていました。
恵子さんの美味しい手作りケーキに、
心和むお部屋のグリーン…
私もなんだか結婚してマイホームを持ちたくなって
しまいました。

❶早速マイホーム資金を貯めなくちゃ、それとも
相手を探すほうが先？
今度どちらも相談に乗ってくださいね！

早川登紀子

ポイント

家に招く・招かれるということは時々あることです。相手は、招くために部屋をきれいに整える、お茶やお菓子を用意するといった準備をして迎えてくれていることを忘れないようにしましょう。とくに仕事をしている人にとっては、こういった招待は気楽にはできないもの。ねぎらう意味もこめて、お礼のメールを出しましょう。

◆言い換え例◆

❶文末の言葉

◆○○さんから伺ったご希望の品、こちらからのささやかな新築祝いとして、本日宅配便にて送らせていただきました。

◆たまには家でのんびり過ごすのもいいですね。今度は私の家にも遊びにきてくださいね。

メール

指導していただいたお礼

女性（母親）▼自分の恩師

送信者：熊野聡子

宛先：大木圭輔先生

CC：

件名：昨日はご指導いただきありがとうございました

大木先生

教え子の熊野聡子です。
昨日は、お忙しいところ、息子の良介のことで
いろいろとご指導いただき、
本当にありがとうございました。
私も息子と同じ中学２年の頃は、
情緒不安定な毎日を送っていたなと思い出しました。
ですから、先生のおっしゃって下さった、
何も余計なことは言わず、ただ毎日「おはよう」
「気をつけてね」「おかえり」「おやすみ」という言葉と、
笑顔と温かいご飯とお風呂、清潔な布団を用意すれば
それだけでよい、
というアドバイスは大変参考になりました。

❶また、私が何か困ったことにぶつかったら、
ご指導いただけると幸いです。
先生も、教育現場では、
日々新たな問題に直面されていると思います。
❷どうか、お体にだけはお気をつけて、お過ごし下さい。

熊野聡子

ポイント

恩師を尊重しつつも硬くなりすぎず、くだけすぎず感謝の気持ちを伝えましょう。ただ「ありがとう」というだけでなく、先生のアドバイスを自分はどう受けとめ、これからどう実践しようと思ったのかも書くようにしましょう。そうすれば、先生もアドバイスのしがいがあったと思うものです。

◆言い換え例◆

❶次回につなげる言葉
◆先生からいわれたこと、さっそく帰ってから実践しています。
◆またくじけそうになったら、是非ご指導下さいね。

❷相手を気遣う言葉
◆いつまでもお元気で、教壇に立ち続けられることをお祈りしております。

メール

会合への参加のお礼

小学校PTA会長 ▼ PTA会員

送信者：山岸ひとみ

宛先：山岸ひとみ

BCC：sato@ab.ne.jp;akiko@cd.ne.jp;watanabe@ef.ne.jp…

件名：第一小学校 PTA 会合への出席のお礼

❶※このメールは PTA 全会員に BCC にて送らせていただいております

第一小学校 PTA 会長の山岸ひとみです。
去る 7 月 13 日に開かれました PTA 臨時決議会には、
急な開催にもかかわらず、皆様足をお運びいただき
ありがとうございました。
当日話し合われた内容は議事録としてまとめ、
後日皆様にプリントでお配りできるよう、
目下作業を進めております。

次回定例会は、9 月 20 日に開催予定です。
❷お忙しいとは存じますが、
是非皆様ご出席くださいますよう、
お願い申し上げます。

第一小学校 PTA 会長
山岸ひとみ
Tel：03-55XX-0000

◆言い換え例◆

❶BCCで送っていることの断り
◆BCCにて失礼いたします。

❷参加を願う言葉
◆何かとご予定もあるかと存じますが、どうぞ足をお運びください。

複数の人に一斉にメールを送るときの注意

◉CCで送った場合

送信先に、すべてのメールアドレスが公開されます。送るときは、宛先に誰か一人のアドレスを入力し、CCに残りの人のアドレスを入力します。

◉BCCで送った場合

送信先に、メールアドレスが公開されません。送るときは、宛先に自分のアドレスを入力し、BCCに全員のアドレスを入力します。

プレゼントへのお礼

メール

女性（母親）▼義姉

送信者：高橋さゆり
宛先：高橋由紀様
CC：
件名：入学祝いをありがとうございました

由紀お姉さん

❶四国のさゆりです。

お正月以外、なかなかお会いできる機会がないのですが、
皆さん、お変わりありませんか？
❷このたびは、娘 鶴子の入学祝いに図書カードをいただき、
ありがとうございました。
鶴子は、赤ちゃんの時から本が大好きで、
今までは親が選んで買い与えていましたが、
これを機に、自分で店に行って選んで
買ってこさせようかと思っています。
どんな本を買ったのかは、今度娘からお手紙で報告
させますね。

四国では今、桜が満開です。
そしてもうすぐ鰹の季節です。
今度是非、一度我が家に遊びにいらしてください。

高橋さゆり

ポイント

親戚からお祝いをもらったお礼のメールです。普段からメールのやりとりをする親しい間柄であればかまいませんが、年配の人や、叔父叔母など目上の人には、はがきか封書で出すほうが好ましいでしょう。また、「義母」「義妹」という言葉は、抵抗や距離を相手に感じさせてしまい、親しみが薄れてしまいます。お義父様、お義母様などの表現も控えたほうがよいでしょう。

◆言い換え例◆

❶冒頭の名乗りかた

◆妹の○○○○です。

❷プレゼントへのお礼

◆娘○○の入学に際して、お心のこもったお祝いをいただき、ありがとうございました。

◆本日、娘○○の入学祝いを受け取りました。○○もたいへん喜んでおります。

おじいちゃん
おばあちゃん

送信枚数　1枚
12月20日

おじいちゃん、おばあちゃんお元気ですか？
今日、クリスマスプレゼントが着いたよ。
ぼくがずっとほしかったけんびきょうだったから、
うれしかったです。
これでハムスターのふんとか毛とか見るんだ。
学校の実験クラブの友だちにもじまんできるよ。
もうすぐお正月だね。絶対遊びにいくから、
それまでかぜ引かないでね。
じゃあね、どうもありがとう。そしてメリークリスマス！

ゆう太

お父様お母様へ
❶悠太へのプレゼントありがとうございました。
本人も書いているように、念願のものをお送りいただき、
とても喜んで、何時間でも顕微鏡をのぞいています。
お正月にはまた家族でお邪魔させていただきます。
日に日に寒さを増しておりますが、お体にお気をつけて
お過ごしください。

松子

FAX プレゼントへのお礼

孫 ▼ 祖父母

ポイント

メールを打つのが無理な子どもでも、字が書けるなら直筆で送れるのがFAXの魅力です。祖父母は形式的なお返しの品などよりも、孫の生の声や字によるお礼のほうが、数十倍も嬉しいもの。是非、子どもに書かせてみましょう。子どもにもいい勉強になります。その際、大人が内容をチェックするのも忘れずに。

◆言い換え例◆

❶親からも一言添えて
◆プレゼントについては、いろいろご無理を言ってご負担をおかけしたかもしれませんが、長く使えるものと私たちも喜んでおります。

※罫線や囲みなどで区切って、親から一言添えてもよい。

招待へのお礼

母親 ▼ 子どもの友人の親

❶大森ゆき子さんのお母様　ゆき子さん

送信枚数　1枚
11月22日

このたびはゆき子ちゃんのピアノの発表会
おめでとうございます。
娘のとも子がご招待いただき、とても楽しみにしていたのですが、
❷とも子が急に熱を出し、先ほど病院に行ったところ、
インフルエンザにかかっていることが判明しました。
ゆき子ちゃんの晴れの舞台に伺えなくなってしまったことを、
とても残念がっております。
でも、きっとこれまでの成果を発揮しての
素晴らしい舞台になることを親子ともどもお祈りしております。
また、とも子がよくなりましたら、演奏中のお写真でも
拝見させていただきたいと思います。
当日は、心ばかりではありますが、
お花をお友だちの山根はるみちゃんに託して
贈らせていただきます。
では、❸発表会頑張ってくださいね。
とり急ぎFAXにて失礼いたします。

磐田佳子・とも子

◆言い換え例◆

❶宛名
◆（母親の名前がわかっている場合）大森早苗様　ゆき子さん
◆大森家の皆様

❷欠席・断りの理由
◆あらためてカレンダーを見ると、なんと11月23日は祖母の法事と重なっていました。

❸相手を励ます言葉
◆何よりも○○ちゃんが、リラックスして当日の発表会を存分に楽しまれるよう、親子ともどもお祈りしております。

メール&FAXのマナー Q&A

Q はじめてメールを送る相手には何に気をつけたらいい？

A 迷惑メールと間違えられないように、はじめてメールを出す相手や久しぶりに出す相手には、件名を具体的にするか、「食事の件です（佐藤）」などと、件名のところで名乗りましょう。

Q 携帯電話へお礼のメールを送ってもいい？

A 普段から携帯メールをやりとりしているような間柄ならかまわない場合もありますが、携帯メールへのお礼は、パソコンへのメールよりもさらに略式といえます。相手に失礼がないか、よく考えてから送信しましょう。

Q 添付ファイルを送るときの注意は？

A 容量の大きい添付ファイルは、相手が受信する際に時間がかかってしまったり、場合によっては届かないことも考えられます。写真や資料などを送りたい場合は、事前に先方に確認しましょう。どうしても容量が大きくなってしまう場合は、分割して送るか、または別にデータを郵送したほうがよいでしょう。

Q FAXを送るときは何に気をつけたらいい？

A FAXを送る際は、送信枚数を明記し、個人宅なら深夜に送信するのは控えましょう。鉛筆書きは文字が薄く読みにくくなるので、ペンでしっかり書くとよいでしょう。

Q 顔文字や絵文字はつかってもいい？

A 顔文字や絵文字はともすると硬く無機質になりがちなメールの雰囲気を和らげる効果があります。しかし、用件を伝えるだけの事務的なメールや、欠席をわびるような内容には、軽々しい印象を与えかねないので控えたほうがよいでしょう。

『お礼の手紙とはがき文例集』 索引

●監修者略歴

川崎キヌ子（かわさき・きぬこ）

和洋女子大学名誉教授。現在は『与謝野鉄幹・晶子全集』（勉誠出版）の編集に携わるかたわら、千葉市・松戸市などで手紙や言葉・文学の講座や講演を行う。著書に『満州の歌と風土―与謝野寛・晶子合著「満蒙遊記」を訪ねて』（おうふう）ほか、手紙に関する本は『家で仕事で使える　手紙と文書』『こんなときどう書く？がすぐわかる　はがき文例集』（監修、日本文芸社）、『お礼のはがき NEW 文例集』（永岡書店）、『すぐに役立つマナーブック』（共同監修、家の光協会）など多数。

カバーデザイン ● 三木俊一＋芝晶子（文京図案室）
本文デザイン ● 高橋デザイン事務所（高橋芳枝）
DTP ● 高橋デザイン事務所
本文イラスト ● 藤田ヒロコ
執筆 ● 神田賢人・渡部健
編集・制作 ● 有限会社ヴュー企画（小松晶英、蒲生真穂、近持千裕）

この一冊《いっさつ》ですぐ書《か》ける お礼《れい》の手《て》紙《がみ》とはがき文《ぶん》例《れい》集《しゅう》

監修者　川崎《かわさき》キヌ子《こ》
発行者　中村　誠
印刷所　株式会社　光邦
製本所　株式会社　光邦

発行所　株式会社 **日本文芸社**
〒101-8407　東京都千代田区神田神保町1-7
TEL 03-3294-8931（営業）　03-3294-8920（編集）

Printed in Japan　112090601-112180226Ⓝ12
ISBN978-4-537-20749-1
URL https://www.nihonbungeisha.co.jp/

編集担当　角田